卡巴拉
科學及生命的意義

麥可・萊特曼 著
周友恒 編譯

現代科學的「終點」就是卡巴拉科學的「起點」
量子物理科學和卡巴拉科學之間一場精彩的對話
打開有關生命意義和宇宙創造的奧秘的終極科學的大門
瞭解你自己，瞭解生命和宇宙進化背後真正的奧秘

Kabbalah
Science and the Meaning of Life

Copyrights 2023
Laitman Kabbalah Publishers
www.kabbalah.info
ISBN: 978-1-77228-110-1

 ## 譯者序言—人生的 GPS

我為什麼不幸福？

人生為什麼這麼痛苦？

為什麼我永遠得不到滿足？

生命的意義到底是什麼？

為什麼發生這麼多的自然災害？

為什麼到處都是危機？

人類的未來在哪裡？

你問過或正在問這些苦澀的問題嗎？你對解答這些苦澀的問題有興趣嗎？

有一篇被稱作「死亡之海」的沙漠的精彩故事。

「許多穿越塔克拉瑪幹沙漠的勇士常常迷路，而且不管這些勇士多麼勇敢，多麼聰明，沒有一個人靠自己的力量成功地穿越這個沙漠，他們都因迷路而喪生其中。他們之所以失敗而無法穿越這個沙漠，是因為在沙漠中弄不清三個基本問題：

1. 我在哪裡？

2. 我要去的地方在哪裡？

3.如何去到哪裡?

搞不清楚這三個問題,結果就是死亡,死亡就是結局或終點。」

讓我們來分析一下以上三個問題,看看三個問題的相對重要性和它們之間的關係;當然,以上三個問題任何一個不清楚的話,都會導致走不出沙漠。但仔細分析一下,那些勇士之所以失敗,根本原因是因為在沙漠中迷失了方向,那麼,是什麼在決定方向呢?是第二個問題,你要去到哪裡?只有清楚地知道目的地在哪裡,而且在探險的全部過程都以目的地做為你行動的方向指引,你才能成功。否則,在任何時候,迷失了目標就迷失了方向,結果只會是死亡;而且,當我們弄清楚了第二個問題,第一個問題也就馬上清楚了,第一個問題是相對於第二個問題而變得清楚的,因為第一個問題就是你現在的位置加上下一步行動(第三個問題)的方向。所以,所有的關鍵都在第二個問題,也就是目的地是否清楚的問題,也就是決定你行動的方向的問題。

如果將我們的人生比喻為在一個沙漠中探險的經歷的話,那麼,導致人類在歷史上以及在今天面對的危機和災難重重的原因,恰恰就是因為沒有解決好第二個問題——我們要去的目的地在哪裡?也就是沒有弄清楚有關生命意義和生命存在的目的這個問題。

人類真正面臨的威脅，或者人類目前深陷的險境，實際上不是來自於沒有目標，而是來自於對各種自以為真實卻不真實的錯誤的目標的追尋，也就是我們將要去的目的地設定錯了。

實際上，人類面臨最大的敵人是無知；而最大的無知是不知道自己不知道什麼，反而自以為自己已經知道。在此我想借用美國前總統約翰甘乃迪的一段精彩語錄，更清楚地對此加以表達，他說：「真相最大的敵人不是惡意謀劃，也不是不誠實的謊言，而是那些人們一直相信，看似正確卻不真實的神話。」正是這些神話給了我們假的目標。使我們深陷其中而不自知。

實際上，正是這種更可怕的以為自己知道的無知或假知，把我們引領到了目前所處的全面危機和毀滅的絕境。那麼，到底是什麼導致了這種無知呢？我們怎麼才能檢驗呢？

當然，人類從來沒有停止過對生命意義的探討；人類的歷史實際上就是在有意識或無意識地對生命意義問題的探索的歷史。這些探索和思考的結果，導致了各類宗教、哲學、科學以及各種思想的產生，並由此指引著人類嘗試了或正在嘗試各種主義和社會制度。

應該說，人類每一次變革，都是懷著各種美好的憧憬和夢想，進行著各種各樣的嘗試；但是由於我們始終沒有能真正解答生命意義和生命存在的目的這個問題，我們的那些美好夢想都沒

有真正實現，人類在物質上的成功，帶來的是越來越大的心理危機和精神困惑。

回到將我們的人生比作在沙漠中探險的那個比喻，如果和想穿越沙漠的那些勇士相比，人類在整體上，其實還沒有達到沙漠中那些勇士所處的階段，至少那些勇士們已經真真切切地知道他們正身處在一個危險的死亡沙漠中，而且，也知道在沙漠之外，一定有生命的綠洲在等待著他們；他們知道如果不想辦法走出去的話，死亡是必然的結局；所以，雖然他們由於缺乏方向幾乎沒有人能成功走出沙漠，但他們至少知道要千方百計走出沙漠去尋找那位於沙漠邊界之外的綠洲。

而我們人類卻要麼是由於根本不去思考生命意義；要麼就是因為曾經思考過，但思考不清楚而乾脆將之放置一邊；或者是更可怕的一種情況，也就是在自認為已經找到了終極目標，並且以它做為指引，但可惜目標是錯的，是想像出來的神話；但不管哪種情況，人類的絕大多數從來沒有挑戰過死亡，更是連做夢都不敢想像在死亡的邊界之外有著一個生命的綠洲，我們都是自然地以死亡做為人生的終點，心安理得地死在了人生的沙漠當中。

這一切都導致人類對生命和死亡的認知，基本上是認為生命沒有什麼意義，死亡就是人生必然不容置疑的邊界，至少是在這個世界上是如此；即使是那些認為生命有意義的人們，也只是相信「來生」，在另外一個世界的另一種虛無的遙不可及的存在，

與我們在這個世界的生與死之間的存在無關。這正是這個世界所有人曾經或現在絕大多數人所處的一種認知狀態。

那麼，如何判定我們的認知是否正確呢？很簡單，歷史上出現過以及現在面臨的各種危機，恰恰就是在說明我們正沿著錯誤的道路在前進。因而，危機和災難的出現絕不是偶然的，它具有雙重意義：一方面，它在警告我們走錯方向了；另一方面，它使我們痛苦，而痛苦才會引發我們思考。這一切正是我們人類目前面臨的危機正在發生和將要更劇烈地爆發的原因。危機和災難正在警示人類，我們走錯路了，該停下來反思一下了。

但阻止我們去認識這些的不是別人，正是我們人類自己，是奴役著我們的利己主義。我們人類就像是溫水中的青蛙，儘管死亡正在迫近，我們卻不自知，甚至拒絕反思。因為我們的自我總是不讓我們承認是我們自己的利己主義設定的這些錯誤目標、將我們引領到了這種危機的地步。

我們曾經相信上帝或者說神聖的力量，但上帝好像從來沒有回應過我們「真誠」的祈禱，世界沒有變得更好；我們也曾經不再相信上帝，開始崇尚科學和理性，科學技術突飛猛進，物質文明發展日新月異，但世界也沒有因此變得更好，並沒有帶給人類所嚮往的美好生活。

自文藝復興到工業革命再到21世紀的今天，不可否認，人

類在方方面面都取得了驚人的成就,科學和經濟都發展到了空前的高度;但是,人類在這個世界追求的所有崇高的目標都沒有真正實現,所追尋的真正的幸福生活也始終沒有追尋到,而且好像離我們越來越遠,不僅如此,全面的危機和毀滅卻好像離我們越來越近。

人類大部分人已經喪失了對生命意義和生命存在的目的這個問題探尋的興趣,或者已經忘記或者過於忙著追求各種「成功」而無暇過問這個最重要的問題,或者根本不知道要問或者從來沒有問過這個問題。

絕大部分人已經認命,因為問也沒有用?這個問題太苦澀,沒有人能夠回答清楚,管他呢,活在當下,活好今生每一天,今朝有酒今朝醉,天塌下來有大個子頂著……等等的觀念,已成了絕大部分人的人生座右銘。這一切都直接導致了追求這個世界物質上的成功,自然成為絕大多數人的唯一的人生目標,那些我們熟悉的狂熱的物質主義、拜金主義、功利主義,以及對自然的毀滅性掠奪都由此產生。所以,不搞清楚或者忽略方向問題,危機不發生反而會不正常。

儘管我們可以將腦袋埋在沙子裡,以為這樣就可以迴避那個苦澀的問題。但是,就是存在著某種力量,它就是不讓我們有片刻的安寧。它在根據我們向錯誤方向發展的程度,相應地懲罰著人類。它在用各種各樣的,在我們看來越來越大的危機,越來

頻繁的災難，不停地敲打著人類，影響著我們生活的各方面，使我們無論如何都無法平靜下來。直到我們開始絕望而不得不停下來反思，去尋找，去探尋新的道路，這就是正在發生著的情況。

而這一切的發生就是要告訴我們正走在一條通向死亡的道路上，直到我們覺醒去尋找那個力量希望我們走的道路，到達他創造我們的目的地。這正是所有危機和災難發生的真正的原因。這就是危機和災難的積極意義，它就是要讓我們從沉睡當中覺醒過來，告訴我們正處在一個死亡的沙漠中，叫我們趕快衝破死亡的邊界去尋找生命的綠洲。它在試圖告訴我們，生命有著超出我們想像的意義，這個宏偉的宇宙背後存在著一個偉大的創造的思想，而我們人類就是這一切創造的中心。

人類現在正處在一個十分尷尬的境地，我們就好像處在一座四周都是懸崖峭壁的山尖上，往前走，無路；往後走，無路；往左走，無路；往右走，無路；上不去，也下不去，身處絕境，路在何方？

再回到剛才那個沙漠的故事，雖然，所有的勇士都沒能走出那個沙漠，但在20世紀末的時候，一個德國婦女卻成功地走出了那個幾千年來都是以死亡為終點的沙漠，你知道，為什麼她可以嗎？你猜對了！因為在那時，人類已經發明了全球定位系統（GPS），所以，人們可以藉助GPS成功地走出沙漠。因為GPS可以很簡單地解決以上導致人們死亡的三個問題，目標和方向問

題。

人們可以藉助GPS很輕鬆地走出死亡的沙漠,那麼,能夠指引我們走出人生這個死亡沙漠的GPS存在嗎?如果存在,那麼,這個GPS是什麼呢?答案是肯定的。這個GPS不僅存在,而且,它一直在耐心並急切地等待著人類,直到人類需要的那一天的到來,而且為此隱藏了幾千年。它不僅能夠回答你有關生命意義和創造目的的問題,它更可以將你引領到一個,你曾經連做夢,都夢想不到的地方,一個超越死亡邊界的存在,而且就在今生今世!但是,這一切有一個條件,就是你必須覺醒至自己渴望去得到它,而且你必須自己做出你人生之中這個你唯一擁有的自由選擇。

這個人生的GPS就是卡巴拉智慧,萊特曼博士的這本著作將引領我們開始瞭解並找到這個GPS。卡巴拉智慧將引領我們穿越那個量子物理學家們看到但卻不能穿越的邊界。

想知道這個GPS是什麼嗎?我想當你拿起這本著作,讀到這裡的時候,你正在接近一個寶藏,那個能幫助你走出人生這個死亡沙漠,進入生命綠洲的GPS,就握在你的手中。但是,很可能你會錯過這個機會,因為你出生時就遺傳下來的天性,以及你在後天所接受過的所有教育包括社會環境對你的影響,已經使你形成了一種「正確」的人生觀念,使你從天性上對新的觀念排斥或拒絕。所以,在此我能表達的最衷心的祝願和忠告就是:

1.在任何情況下,請你務必敞開你的心扉,就像卡巴拉的巔峰著作《光輝之書》所說:「將你的心向我敞開一點點,我將為你敞開整個世界」。不要拒絕它,更不要用任何你認為「正確」的知識或信仰,包括所有從宗教、哲學、科學中接受到的所謂「正確」的觀念,給卡巴拉貼上偽科學或者某種錯誤的標籤把這個智慧扼殺,錯失這個人生唯一的GPS。因為你的第一反應一定是:不可能!不對!我不相信……等等。

2.剛開始讀不懂沒關係,因為世界上古往今來,幾乎沒有一個人能夠馬上讀懂它,瞭解它,因為它是一個智慧的海洋,一個隱藏在幾千扇門後的,並且隱藏了幾千年的智慧,需要你發自內心最深處的渴望才能窺探到它的真容;而且,這個智慧不同於其他任何知識體系,不是靠你的頭腦去讀,而是靠你的心去感悟的;如果你在探尋過程中,感覺到了哪怕只是一丁點的光亮。請您堅持下去,你一定會找到你生命中最寶貴的東西。因為它就是你人生的GPS,是黑暗中的指路明燈。透過它你可以知道你是誰?你要去到哪裡?如何到達,並解答你所有前面提到的那些問題,因為它就是有關你自己的科學,有關生命意義和生命存在了的目的的科學。

在此,我們要衷心感謝歷代偉大的卡巴拉學家們;感謝我的老師,當代偉大的卡巴拉學家,科學家麥可萊特曼博士,是他將這一已存在五千多年的古老而又嶄新的,屬於全人類的卡巴拉智

慧，從幾千年的隱藏狀態，在我們需要它的時候揭示給全人類。卡巴拉在我人生最艱難，生命最黑暗的時候，成為了我人生的 GPS，照亮了我人生前進的道路，幫助我走出了我人生最黑暗的那一段，拯救了我的生命、家庭和事業。我想卡巴拉也同樣可為你的人生指引道路。

感謝 Bnei Baruch 國際卡巴拉研究中心和全世界各地的學員們，是他們無私的奉獻精神和強烈的渴望激勵了我，使這個唯一能夠拯救全人類，將我們從危機帶向永恆和完美的智慧能夠來到這一片土地上；使這一屬於全人類的智慧財富也能夠為勤勞智慧的台灣人民所分享，祝願這一偉大的智慧能夠在生機勃勃的台灣開花結果。

Bnei Baruch 卡巴拉國際中心學生 周友恒

前言

人性的本質就是其不斷發展的追求快樂的願望。為了滿足這個追求快樂的願望，我們感到我們在被驅使著去發現、創造並改進我們的現實。這個追逐快樂的願望的不斷加強，一直是在人類整個進化歷史中，推動著人類向前發展的那個背後的力量。

這個追求快樂的願望經歷了幾個階段的演變發展。開始的階段，它表現為對身體的生存的需要，例如食物、再繁殖和家庭；在第二階段，表現為追求財富的願望；而到了第三階段，則表現為對榮譽、權力和名望的渴求。這個追求快樂的願望在這三個階段的發展，導致了人類社會的巨大變化——使得人類社會演變成為一個多元化、多階層的社會。

這個追求快樂的願望發展的第四個階段則表現為我們對學習、知識和智慧的渴求。這些渴求表現在科學、教育系統和文化的演變發展中。這個階段可以與文藝復興、科學革命相對應，並且至今這個發展階段還主導著整個世界的發展。對知識和學問的渴求需要我們瞭解圍繞著我們的周圍環境。

為了真正瞭解人類目前所處的狀態和它的各方面，我們必須在科學發展的幾個里程碑之間架起一座連接的橋樑。這些里程碑已經極為顯著地影響了我們對待生命的態度。

16世紀發生的科學革命給我們的認知模式帶來了巨大的變化。那時，科學研究者相信理論必須靠實驗和觀察來驗證。他們也提醒我們避免採用那些神秘主義和宗教的方式來解釋一切。科學思維的核心在於對現實的分析，以及對一直困擾人類的老問題以尋求科學的解釋。而在此之前，所有這些話題都將一切歸因於神聖的力量。

　　在《數學原理和自然哲學（1687）》的著作中，艾薩克·牛頓（1642～1727）提出了一種機械論原理，可以讓我們計算任何一個物體在受到一個給定的外力時產生的變化。牛頓理論的成功為人類認知世界提供了一種全新的世界觀。牛頓的機械論觀點認為，在所有的事件中，不論事物的本質如何，都會有一個特定的自然規律表現出來。神聖的存在對這些沒有多大影響，因為所有運動的軌跡都是固定的，而且它不會受到神聖力量的影響。

　　這種機械決定論受到了當時天文學家皮埃爾·西蒙·拉普拉斯（1749～1827）的支持，他在向拿破崙解釋太陽系是如何形成的時候引用了它。當拿破崙問他，上帝在這一過程中的作用時，拉普拉斯回答說：「在這裡我不需要這種假設」（Je n'avais pas besoin de cette hypoth se-là）。

　　因而，科學沒有給超越其認知侷限性的其他方面留有空間，包括那些超越我們感知之外的隱藏的現實。那時，所有人都相

信,人類已經發現了認知這個世界的真相所必須的方法。

在18世紀末,似乎經典物理已經為科學研究者提供了一整套完整的規律,用於他們對每一種自然現象的研究和探索。很多學者甚至認為,這些規律可以幫助他們解釋少數依然神秘的現象。由於物理一直被認為是「科學之母」,並位於技術和實驗的最前沿,它的發現也成為所有其他科學研究的基礎。

現代物理的新紀元始於20世紀初,伴隨著愛因斯坦(1879～1955)的革命性發現而到來。愛因斯坦的相對論使人們對所有事物,比如過去已知的諸如時間、空間、物質、運動及萬有引力等的認知態度發生了根本的變化。愛因斯坦的理論將時間和空間合併成一體——時空,從而否定了時間和空間是絕對的假設。

到了20世紀30年代,另一個理論出現了:量子力學,也可叫做量子理論。這一理論在物理學領域引發了一場持續的革命,根據量子力學,所有的測量結果都只是近似、定量化的結果,是透過量子理論計算解讀出的概率值。

量子理論可以解釋以前的理論不能解釋的一些現象。這其中最著名的就是波粒二象性(Wave-particle duality),也就是像電子等微觀物體在某些條件下表現為波,而在另外一些條件下表現為粒子的現象。

量子理論的一個基本概念是不確定性原理，它認為觀察者影響到被觀察的事件。因而，一個關鍵問題產生了：「測量的行為究竟測量了什麼？」這一原則意味著「客觀過程」的概念變得毫不相干。此外，超出測量的結果之外，一個所謂的「客觀現實」根本就不可能存在。

量子物理的這些發現，徹底改變了科學家的探索方法。並徹底否定了機械決定論認為物理揭示了自然的客觀事實，並描述了它們的絕對存在的觀點。

這些機械決定論的觀點被一種認為物理無法揭示自然的真實本質的新認知所替代。物理只能夠在一種特定的概率邊界內幫助建立模型、模式和公式等用以計算解釋一個實驗的結果。

當代科學對獨立存在於觀察者之外的那個「真正的現實」和觀察者可以描述的這個現實之間採取了區別對待的態度。今天，科學研究者都明白：以前被定義為「絕對的事實」的那些理論註定會為新的結論和新的實驗讓路。而這些所謂的新理論，又會依次被更新的公式和實驗所替代。

現在我們顯然看到科學並不能揭示絕對的真相，它只是透過當前的實驗、感知和認知模式等為人類提供一張描繪這個世界的畫面。此外，我們對這個世界的認知越深，我們面臨的不確定性就越多，並且所發現的自相矛盾處也就更多。

承認以上事實，大大削弱了自然科學在總體上，特別是物理科學在科學中的主導地位。相反，這表明科學只不過是可用於揭示現實的一個很有限部分的工具，而無法揭示絕對的真相。真正的現實對我們是隱藏著的，我們不可能用世俗科學的研究方法發現它。

近年來，許多科學家已經開始對不同的宗教、新時代理論和神秘主義表現出興趣。他們正試圖尋找新的工具和新的方法來理解現實中的那些隱藏著的部分，也就是研究那些透過常規研究方法無法到達的部分。

科學面臨的這一困境已在新的世紀之交升級為一場危機，挑戰能否揭示我們生存的這個世界的完整畫面的能力，挑戰我們完全了解那些支配自然和人性的規律的能力。

一旦人類已經徹底探索了現實的這個可見部分，並耗盡了它對知識和學問的追求這一願望，一個新的願望就會浮現出來——也就是想要知道最高的概念和瞭解現實的隱藏部分的願望。這正是人類的願望在今天已經到達的發展階段。

這也正是卡巴拉智慧為什麼在當今出現的背景原因，它為人類認知世界提供了一個新的觀點，一個卡巴拉學家在幾千年前就已經發現的科學的世界觀。目前，我們想要知道所有現實的這種渴望表明人類已經準備好開始接受卡巴拉了。

卡巴拉對世界的感知方法包括了其他宗教建立在信仰基礎上的前提和概念，但它採用了一種科學的方式。卡巴拉在我們自己的內部發展出一種新的感知工具，進而將我們帶進一個完整的現實，並同時提供研究它的方法。

《卡巴拉，科學及生命的意義》這本書介紹了對科學家們隱藏著的現實部分進行探索的卡巴拉科學的基礎知識。當我們發現那些隱藏的部分時，我們對自己生存在其中的這個世界的認知將會變得完整。透過將現實隱藏的部分和這個已經被揭示的部分整合在一起，我們將使自己裝備好去進行精確的科學研究和由此揭示整個現實的真正的公式。

透過揭示現實隱藏的部分，我們對世界的看法將會變得完整，從那些相對的感知界限中解放出來，我們將能夠超越時間、空間和運動，揭示出現實每一部分的存在。卡巴拉智慧保證任何真正想探索現實的人們將實現上述的所有揭示。

本書是根據作者，當代偉大的卡巴拉學家麥可‧萊特曼教授的談話紀錄，並由他的學生們編寫而成。

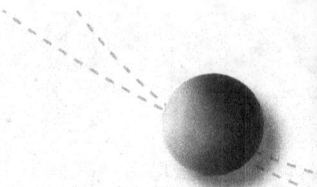

目錄

第一章 卡巴拉遭遇量子物理

- 第一節 三藩市會議的與會者介紹 ············ 027
    - 威廉・泰勒教授 ························· 027
    - 弗雷德・艾倫・沃爾夫博士 ············· 027
    - 傑夫里・沙提諾瓦博士 ··················· 028
    - 麥可・萊特曼博士 ······················· 029
- 第二節 卡巴拉簡介 ························· 033
- 第三節 物質的本性 ························· 038
- 第四節 給予的力量和接受的力量 ············· 065
- 第五節 卡巴拉和科學之間 ··················· 074
    - 5.1 量子物理中自由的概念 ··············· 074
    - 5.2 家庭單元 ··························· 081
    - 5.3 個人命運和人類共同的命運 ··········· 083
    - 5.4 正義者（Tzadik） ··················· 084
    - 5.5 人類的痛苦 ························· 086
- 第六節 量子理論 ··························· 091
- 第七節 量子理論的可靠性 ··················· 100

第二章 卡巴拉智慧的本質

- 第一節 努力趨向平衡 ······················· 106
- 第二節 現實的結構 ························· 113

2.1 控制物質世界・・・・・・・・・・・・・115
2.2 開啟我們的雙眼・・・・・・・・・・・116
2.3 在通往精神世界的階梯上・・・・・・・117
2.4 真理的智慧中運用的四種語言・・・・・123
2.5 改變我自己・・・・・・・・・・・・・126
2.6 對待現實的正確態度・・・・・・・・・129
2.7 外部的現實・・・・・・・・・・・・・134
2.8 穿越壁壘・・・・・・・・・・・・・・135
2.9 形式等同・・・・・・・・・・・・・・136
2.10 共同的靈魂・・・・・・・・・・・・138

第三章 對現實的感知

- 第一節 建造精神的感知容器（Kli）・・・・・142
    1.1 建造感知容器（Kli）・・・・・・・・142
    1.2 感官的反應・・・・・・・・・・・・144
    1.3 建造正確的形式・・・・・・・・・・151

- 第二節 感知模式・・・・・・・・・・・・・153
    2.1 學習模式・・・・・・・・・・・・・153
    2.2 完整的畫面・・・・・・・・・・・・156
    2.3 創建認知模型・・・・・・・・・・・158
    2.4 一個山頂洞人在當今的世界・・・・・159

- 第三節 重獲意識・・・・・・・・・・・・・166
    3.1 我們和這個世界・・・・・・・・・・166

  3.2 體驗 Ein Sof 無限世界・・・・・・・・170
  3.3 建造一個房屋・・・・・・・・・・・174
  3.4 世界在我們內部・・・・・・・・・・179
  3.5 加速發展・・・・・・・・・・・・・180
  3.6 在內部構建創造者・・・・・・・・・183
- 第四節 對現實的描繪・・・・・・・・・・185

第四章 實現精神基因

- 第一節 精神基因 Reshimot・・・・・・・・192
  1.1 意識的喪失・・・・・・・・・・・193
  1.2 虛擬現實・・・・・・・・・・・・197
  1.3 集體冥想・・・・・・・・・・・・199
  1.4 創造者是什麼？・・・・・・・・・201
  1.5 實現精神基因（Reshimot）・・・・202
  1.6 選擇將來・・・・・・・・・・・・204
  1.7 記憶・・・・・・・・・・・・・・206
  1.8 思想的力量・・・・・・・・・・・208
  1.9 精神基因（Reshimot）的鏈條・・・210
- 第二節 被揭示的和被隱藏的・・・・・・・・212
  2.1 反轉的世界・・・・・・・・・・・213
  2.2 矛盾的現象・・・・・・・・・・・215
  2.3 一門新的科學・・・・・・・・・・216

- 第三節　自然的法則 ・・・・・・・・・・・・・・220
- 第四節　卡巴拉——真正的現代科學 ・・・・・・・225
  - 附錄1. 術語表 ・・・・・・・・・・・・・・・・232
  - 附錄2. 歷代卡巴拉學家對卡巴拉的描述 ・・・・240
    - Moshe Chaim Lutzato（The Ramchal）（1707~1747）・・・240
    - Eliahu-The Vilna Gaon（1138~1204）・・・・・240
    - Abraham Yitzhak HaCohen Kook（1865~1935）・・・243
    - 耶胡達阿斯拉格 Yehuda Leib Halevi Ashlag（巴拉蘇拉姆）
    - （1884~1954）・・・・・・・・・・・・・・246
  - 附錄3. 歷代著名學者對卡巴拉的評述 ・・・・・251
    - 約翰內斯・羅樹林（1455~1522）・・・・・・251
    - 焦萬尼・皮科・德拉・米蘭朵拉（1463~1494）・・251
    - 帕魯斯・瑞休斯（1470~1541）・・・・・・・252
    - 菲力浦斯・奧里歐勒斯・帕拉切爾蘇斯（1493~1541）・・・253
    - 克里斯汀・康拉德・斯普林格爾（1750~1816）・・・253
    - 雷蒙杜斯・拉里斯（1235~1315）・・・・・・254
    - 佐丹奴・布魯諾（1548~1600）・・・・・・・254
    - 戈特弗里德・威廉・萊布尼茨（1646~1716）・・256
    - 弗里德里希・施萊格爾（1772~1829）・・・・256
    - 約翰・沃爾夫岡・歌德（1749~1832）・・・・257
  - 附錄4. Bnei Barauch 國際卡巴拉教育和研究中心 ・・258
  - 附錄5. 如何聯繫我們 ・・・・・・・・・・・・264

01 卡巴拉
Section 遭遇量子物理

01 ｜卡巴拉遭遇量子物理

2005年3月，一場獨特的科學會議在美國加州舊金山舉行，與會嘉賓包括科學家和卡巴拉學家麥可‧萊特曼博士和量子物理學家威廉‧泰勒博士、傑佛瑞‧沙提諾瓦博士，以及弗雷德‧艾倫弗‧沃爾夫博士。三位物理學科學家都參加了當年紅極一時的科學劇情大片What the Bleep Do We Know？《我們到底知道什麼？》的拍攝。會議的主題就是「量子物理遭遇卡巴拉」。

這個精彩的會議包括激烈緊張的封閉式討論和公開演講。繼與會者介紹之後，萊特曼博士講述了卡巴拉的基本概念，解釋了現實的結構以及創造的物質——接受快樂的願望是如何演變發展的。只用了一次研討會議，科學家們之間就建立了一種共同的語言。

那天晚上，科學家們在加州大學柏克萊分校和史丹佛大學的老師和學生面前，公開介紹了他們各自專長的領域。第二天早晨，他們又回到了討論桌上。在討論會期間，他們分享了他們從會議交流中得到的印象，並互相交流了在各自領域中所探索的內容。

幾個星期後，沙提諾瓦博士出席了在以色列召開的主題為「卡巴拉智慧」的一個國際會議。大會期間，萊特曼博士和沙提諾瓦博士就自由選擇、全球經濟危機、21世紀的家庭單元、全球精神探索熱潮和人類的未來等在內的不同的熱門話題進行了廣泛的交流。沙提諾瓦博士還做了有關量子物理學及其深遠影響的公眾演講。

在本書的這一章中對卡巴拉的解釋都基於這些會議的內容。

——編者

第一節　三藩市會議的與會者介紹

◎威廉・泰勒教授

威廉・泰勒教授，多倫多大學物理學博士，曾任美國史丹佛大學材料科學與工程系教授。他已經發表超過250多篇科學論文，其中包括幾本著作。他的主要著作包括 Some Science Adventures with Real Magic《用真正魔法進行的科學探險》；Conscious Acts of Creation《創造的意識行為》；The Emergence of A New Physics《一種新物理的興起》；Science and Human Transformation《科學與人類的轉變》；Subtle Energies《微妙的能量》；Intentionality and Consciousness《意向性與意識》。

◎弗雷德・艾倫・沃爾夫博士

弗雷德・艾倫・沃爾夫，加州大學洛杉磯分校理論物理博士，是一位曾與20世紀最著名的物理學家大衛・波姆（1917～1992）和理查德・費曼（1918～1988）共同工作過的量子物理學家和演說家。

沃爾夫博士撰寫了被翻譯成多種語言的11本著作。這其中包括：Taking the Quantum Leap《量子飛躍》；The New Physics For Non Scientists《對於非科學人士的新物理》；The Yoga of Time

01 ｜卡巴拉遭遇量子物理

Travel《時間旅行的瑜珈》；How the Mind Can Defeat Time《思維如何能夠戰勝時間》；Matter into Feeling《從物質到感覺》；A New Alchemy Of Science and Spirit, and Mind into Matter《一種科學和精神，以及思維變成物質的新煉金術》。

◎傑夫里・沙提諾瓦博士

傑夫里・沙提諾瓦博士擁有麻省理工大學的理工學士、哈佛大學的教育學碩士、德克薩斯大學的醫學博士和耶魯大學的理工碩士的學位。他完成了瑞士蘇黎世大學C・G・榮格精神分析訓練課程。他曾經在耶魯大學擔任精神分析和兒童精神分析研究員，在那裡他兩次獲得精神分析學科的 Seymour Lustman 居住研究獎項（二等獎），他是哈佛大學 1975 年威廉・詹姆斯講師。直到最近，他一直是耶魯大學物理系的助教研究生。今天，傑夫里・沙提諾瓦博士正在完成法國尼斯大學量子物理的博士學位，並在普林斯頓大學教授憲法。

傑夫里・沙提諾瓦博士著有五本成功的著作，它們被翻譯成九種語言，銷售了數以 10 萬計。其中最著名的書包括：The Quantum Brain《量子腦》，該書為流行的科學寫作建立了新的標準，並且被書評家推崇。這本書涉及幾個主題：數學、科學、電腦、量子物理和人工智慧技術。其他二本傑夫里・沙提諾瓦博士的暢銷書為：Cracking the Bible Code《破解聖經的密碼》和 Homosexuality and the Politics of Truth《同性戀及真理的政治》。

◎麥可‧萊特曼博士

　　麥可‧萊特曼導師，擁有俄羅斯科學院哲學博士學位以及聖彼得堡理工大學科學與生物控制論理學碩士學位。他是跟隨其導師布魯克‧阿斯拉格（Baruch Ashlag，1907～1991）12年的學生和私人助理。在那些歲月裡，麥可‧萊特曼從導師那裡獲得了導師從他的父親耶胡達‧阿斯拉格（Yehuda Ashlag，1884～1954）那裡得到的Sulam（希伯來語「階梯」）方法的真傳，他的父親被尊稱為巴拉蘇拉姆（Baal HaSulam），以其對《光輝之書》（The Zohar）的Sulam（希伯來語「階梯」）的注釋而聞名於世。

　　萊特曼導師著有50多本有關卡巴拉的著作，並被翻譯成數十種語言。他每天講授的課程在美國和以色列透過有線電視直播和轉錄，並在網路上對數以萬計的世界各地的學生進行直播和轉錄。這幾年來，萊特曼導師經常在歐洲、東亞和北美地區的各種科學會議上演講，闡述卡巴拉與科學之間的關係。

　　萊特曼博士說，當他告別學校生涯後，就一直在尋找一種能夠探索生命意義的職業。他之所以選擇生物控制學，是因為這一領域能夠研究生命系統，以及能研究控制它們存在的法則。

　　「我原本希望」，他解釋說，「透過這項研究，我能夠理解無生命的物質是如何進化為植物，然後再進化為動物的。然而，最困擾我的問題是，『我們生存的目的是什麼？』這是一個在我們每個人中都會出現的疑問，但我們卻把它淹沒在日常忙碌的生活過程中而無暇過

01 ｜卡巴拉遭遇量子物理

問。」

「在我完成我的學術研究後，我在俄羅斯列寧格勒血液研究所從事研究工作。甚至在我還是一名學生時，我就對一個活細胞如何維持著生命的奇妙的方式著迷。我對身體中的各個細胞之間和諧地合作，以維持身體的功能感到驚嘆。這些研究主題圍繞著細胞結構和它們在身體中的各種功能，但我卻找不到對整個身體為什麼存在的這個問題的答案。」

「我認為就像一個身體中的一個細胞一樣，身體也應該是另一個更大的系統的一部分，在這個更大的系統中，身體的功能表現為整體的一個部分。然而，在科學研究的框架中我想研究這個問題的嘗試卻遭遇到不斷的拒絕。我告訴自己科學研究不了這些問題。」

「隨著這些夢想的幻滅，我決心儘快離開俄羅斯，並希望在以色列能夠繼續研究這些一直困擾我內心的問題。在連續四年成為一個『refusenik』（一個被前蘇聯政府拒絕離開的人）後，在 1974 年，我終於得到夢寐以求的出國許可並抵達以色列。唉，在這裡，我得到的研究課題同樣也只是侷限於對單個細胞級別的研究。」

「我知道我必須要尋找到一個可以讓我對現實的總體系統進行研究的地方。我轉向了哲學，但很快發現在那裡也找不到我要的答案。然後，我試圖轉向宗教找尋答案，但發現它除了提供機械式的遵守戒律之外，也無法給予我更深的理解。」

「在經過許多年的找尋之後，我才終於找到我的老師布魯克・阿

斯拉格（Baruch Ashlag）。從 1979 年至 1991 年，我跟隨了他整整 12 年。對我來說，他是最後的莫希干人（Mohicans），他是數千年來歷代偉大的卡巴拉學家傳承鏈條上的最後一位卡巴拉學家。我是他的私人助理和他的學生。在那些年中我沒有離開他一步，並在他的支持下，我於 1983 年發表了我的最早的三部著作。」

「我的老師去世後，我開始發展並出版我從他那獲得的知識。我認為這一切都是他的工作的直接延續。在 1991 年，我成立了 Bnei Baruch（意為 Baruch 之子）國際卡巴拉研究和教育中心，一個從事研究和實踐巴拉蘇拉姆（Baal HaSulam）和他的兒子布魯克‧阿斯拉格（Baruch Ashlag）傳授的卡巴拉方法的卡巴拉團隊的國際組織。」

自那以後，Bnei Baruch 已成為一個擁有成千上萬學生的國際組織。其成員從事研究、學習和傳播卡巴拉科學。

Bnei Baruch 維持著全球最大的卡巴拉網路的網站，透過 22 種語言（現在已增加到 36 種語言），以最廣泛的媒體傳播管道和課程檔案、卡巴拉著作以及網路電視（www.kab.tv）以及萊特曼博士的個人部落格（www.laitman.com, www.laitman.cn）等向全球提供大量的資訊。所有資料都透過網站（www.kabbalah.info／cn）免費對大眾提供。Bnei Baruch 最近成立了 ARI 電影製作公司，製作了各種紀錄片和教育影片，在以色列、北美和歐洲的有線電視網路上播出。

此外，Bnei Baruch 創建了以布魯克‧阿斯拉格（Baruch Ashlag）命名的阿斯拉格科學研究院（簡稱 ARI），做為公眾研討卡

01 ｜卡巴拉遭遇量子物理

巴拉的中心。ARI 的教育和學術目標源自一個嚴肅的深層次的承諾，就是要將巴拉蘇拉姆（Baal HaSulam）的教義帶到公眾研討的中心舞臺上。

當萊特曼導師看了 What the Bleep Do We Know？《我們到底知道什麼？》這部科學電影後，他說：「我為電影中描寫的科學家們，開始對我在多年以前提出的同樣問題感興趣而感到欣喜若狂。我想也許他們會對卡巴拉能夠提供給他們的智慧感興趣。」

第二節　卡巴拉簡介

（本文節選自萊特曼教授在加州大學伯克萊分校、史丹佛大學對老師和學生所做的公開演講稿）

卡巴拉智慧（卡巴拉「Kabbalah」在希伯來語中為接受的意思），正如其名稱所表明的，它是教導我們怎樣去接受的智慧。它解釋了我們是怎樣來感知我們周圍的現實。為了理解我們究竟是誰，我們必須首先研究我們是如何感知我們周圍的現實，以及如何應對降臨到我們身上的各種事件。對這些問題卡巴拉智慧為我們提供了深刻的見解。

卡巴拉智慧不會自然而然地出現在一個人身上，只有當一個人到達適當的成熟度時它才會出現。這就是為什麼直到今天卡巴拉才被揭示給這麼多人的原因，這也是為什麼它被隱藏了幾千年的原因。

以前的每一代人都相信，不論我們是否在這裡感知這個世界，這個世界本身就存在著，而且它本身就是這個樣子，認為這個世界就是它本身存在的方式，並且認為它是客觀地、獨立地存在著的。

後來，人們開始瞭解我們認知的這個世界的畫面是由我們自身是誰而形成的。換言之，這個世界的畫面是我們自己的品格和外部環境兩者相結合的產物。

01 ｜卡巴拉遭遇量子物理

因此，我們其實只感知到環繞在我們周圍的所有事物的一部分。例如，現在就有各種波存在於我們的外部，但我們可能只感知到其中之一，只感知到我們內在的感覺器官被調試到相同頻率的波的那一部分。所以，我們是根據自己的內在品格來感知外部的環境。如果我們和外面的世界沒有什麼共同點的話，我們就不會覺察或感知到任何外部世界。

卡巴拉全面地講述了我們對時間、空間和運動的感知。為什麼在我們看來現實的確在不斷擴張，而且它又始終處於我們的一定距離之外？我們為什麼總是對運動和變化有著持續的感覺，它的來源是什麼？運動和變化的感覺是我們體驗到的內在感知過程的一種結果，還是不論我們有沒有去感知它，它都是獨立客觀地存在著的？

我們對自身內在的本質的研究越深入，就越發現對現實的認知取決於我們自身。一旦人類在知識、科學和技術方面充分發展到一定程度，我們將能夠認知到卡巴拉智慧可以提供給我們的一切。

卡巴拉智慧告訴我們，圍繞著我們的只有「更高之光」，它是一種處於永恆、不變的狀態中的單一力量。除了這個「更高之光」之外，不存在任何其他事物。在這樣一種狀態下，「存在」和「不存在」兩個單詞實際上意味著同一件事，因為我們只對變化進行測量。當變化不存在時，就沒有任何東西可測量。

在我們每個人的內部，都存在一種叫做「基因」的資訊，它不斷在我們的內部喚起各種新的感覺和情緒。我們正是在這些感覺中塑造

了對這個世界的畫面，也是這些感覺使我們獲得了自己存在的那個知覺。所有這些感覺過程都發生在我們的內部，並由此繪製出我們對外部世界的認知。

實際上，在我們的外部，什麼都不存在，但我們感知到的現實的畫面卻顯得好像它就存在於我們的外部。筆者在這裡陳述的概念在幾千年前偉大的卡巴拉學家就進行了描述，它提供的所有體驗的豐富程度既使人神往又令人敬畏。在《光輝之書》（The Book of Zohar）中這樣寫道，只有當我們真正瞭解了書中所講述的那種感知，體驗它，並掌握它時，我們才能真正理解卡巴拉著作和《光輝之書》本身。

一旦我們認識到我們感知的這些侷限性，卡巴拉就可以教導我們如何發現在我們的外部到底存在什麼。透過卡巴拉，我們可以超越我們自然的本性，創建出新的感知工具，並透過這些新的感知工具全面體驗外部的現實。

當從我們固有的感官的束縛中解放出來時，我們可以發現一個全新的世界，並開始體驗那永恆、完整和無限的生命之流。我們將能夠體驗到那些控制現實的所有力量都是同一個單一的力量，而那些在我們看起來是意外的、想不到或不能理解的事件突然間都變得合情合理起來。

對這樣的人來說，精神世界可以成為一個由各種力量組成的系統，這些力量在我們感知到的這個現實背後，推動著現實。它類似於觀察一幅刺繡作品：從前面看起來就好像任何其他的圖像一樣，但從

01 ｜卡巴拉遭遇量子物理

它的後面看你就可以看到那些組成畫面的線的分佈以及線與線之間的相互聯繫。發現背後的這些線和它們的互相聯繫將為我們提供有關自己和圍繞著我們的這個世界的知識。

卡巴拉智慧之所以在這個時候浮現出來，是因為我們現在生活在一個非常特殊的時期：一方面，我們似乎有很多方法可以成功地獲得幸福；但另一方面，我們似乎又永遠不能實現這一目標。需要說明的是，卡巴拉並不排斥任何其他的教義或科學，它也不會挑戰人類歷代努力獲得的那些進步。相反，它珍惜人類取得的各項成就，但是，當我們達到人類文明成就的高峰時，人類正開始體驗到內心有一種不斷增長的想要感受完整的現實的需求。這就是如今越來越多的人們對卡巴拉越來越感興趣的原因。

要實現這一感知到那個完整的現實，並真正體驗精神世界的目標，我們必須在自身內部培養出一種與精神世界品格相同的品格。我們在現實中感知的一切，都是透過「品格等同」這一原理實現的。因此，我們始終是根據我們自身內在的品格在認知和發現世界上的新事物。

在我們成長的過程中，我們從父母和環境中獲得各種新的品格。在吸收它們成為我們自己的品格後，就可以利用它們來研究周圍的現實。我們獲得了許多不同種類的品格，其中一些品格在我們自然成長過程的特定時間被喚醒，另一些則透過環境的影響而獲取。但是，有些品格卻無法自然地獲取，必須透過一種特殊的方法在我們內部培育開發出來。

卡巴拉智慧恰恰培育這樣的特殊品格。在學習由真正的卡巴拉學家撰寫的、真正的卡巴拉著作的過程中，這些著作用一種獨特的方式影響做為讀者的我們，它激發起我們敏銳的深刻洞悟。在我們這個世界中，沒有任何其他著作或方法可以做到這些。對卡巴拉的學習研究可以在我們內部創造出一種特殊的感覺器官，透過這個特殊感官能夠使我們以一個全新的角度看待那些看起來似乎是「普通的現實」的事件。

我們可以觀察一個立體透視圖（一幅由線性物體組成但看起來有立體感覺的圖片）來對此做一下類比。當我們直接看這幅畫時，它顯示為一組由無法理解的一些混亂的線條。但如果模糊我們的視線凝視它，我們將能「穿透」進入圖片，並發現一幅豐富的三維圖像。

卡巴拉智慧以幾乎相同的方式對我們產生影響，它幫助我們在紛繁複雜中，「捕捉」到那個真正的現實的畫面。事實上，卡巴拉不會展示任何新的東西，它只是重新聚焦我們的視線，以使我們可以開始「看到」。

當一個人開始感知到那幅正確的畫面，並且體驗到更高世界之門的開啟時，這一發現將伴隨著一種永恆的生命和完美無限的快樂的奇妙感覺。而這正是我們的生命正在引領我們將要到達的地方。

01 | 卡巴拉遭遇量子物理

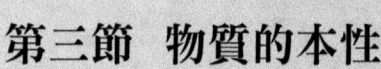

第三節 物質的本性

卡巴拉智慧已經演變發展了幾千年，並貫穿歷史在卡巴拉學家之間傳播延續著。我想簡要回顧這一過程中的幾個關鍵點。

◎第一個卡巴拉學家可以追溯至《聖經》中描寫的亞當。按照卡巴拉的說法，亞當不是上帝創造出的第一個肉體生命的人，而是第一個開始詢問生命意義，並開始瞭解到宇宙和生命意義的人；按照卡巴拉的說法，亞當是第一個心裏之點開始覺醒的人。這距今已有 5774 年（以 2012 年計算，譯者）。而第一個開始傳播卡巴拉智慧的卡巴拉學家便是猶太民族的祖先亞伯拉罕（約西元前 1800 年）。《創造之書》（Sefer Yetzira）便是他的著作。

◎亞伯拉罕之後 500 年，約在西元前 1350 年，摩西寫下了他著名的《托拉》Torah（又稱摩西五經，《聖經》舊約的前五章）。

◎在西元 2 世紀，西蒙·巴·約海（Shimon Bar-Yochai）寫下了卡巴拉的巨著《光輝之書》（Sefer ha Zohar）。

◎ 16 世紀卡巴拉在以色列的 Safed 鎮，由伊札克·魯利亞·阿什肯納茲（Yitzhak Luria Ashkenazi），即阿里（Ari，1534～1572）的引領下興盛。他在他的著作中描寫了他的方法，現代的卡巴拉智慧

都是建立在魯利安體系的卡巴拉（Lurianic Kabbalah，ARI 的卡巴拉）的基礎上發展起來的。魯利安體系的卡巴拉將卡巴拉看做是一門科學——在其中沒有冥想、頌讚、魔法、護身符或希伯來字母的神奇圖案等。

◎耶胡達·阿斯拉格（Yehuda Ashlag，1884～1954），以巴拉蘇拉姆（Baal HaSulam，意思是階梯的主人）而聞名於世，他對《光輝之書》的階梯（Sulam）的注釋為我們這一代人奠定了學習卡巴拉的基礎。他的著作使我們所有人都能夠連接到偉大的卡巴拉學家們留傳下來的古老而真正的卡巴拉智慧的資源。

我們如今研究的卡巴拉包含著從亞伯拉罕開始經過歷代相傳相同的知識。筆者很榮幸跟隨了巴拉蘇拉姆（Baal HaSulam）的長子和繼承者、偉大的卡巴拉學家巴魯克·沙隆·阿斯拉格（Baruch Shalom Ashlag）12 年的時間，並從他那裡獲得了這個智慧。

卡巴拉智慧是一種揭示現實的隱藏部分的方法，這個隱藏部分是我們的五種感官無法感知到的現實領域。這門智慧可使我們在我們的內部發展出另一種感官，使我們可以感知到那些超越我們目前感知的這個現實範圍之外的現實。

卡巴拉告訴我們，整個現實由一種被稱為「接收快樂的願望」的本質所構成。這個接受快樂的願望本質上是一種想被快樂和喜悅充滿的慾望；它正是我們通常將之稱為「利己主義」的東西。這個接受的願望存在於現實的所有層面：靜止（非生命）的、植物的、動物的和

01 ｜卡巴拉遭遇量子物理

說話的層面。

雖然這個接受的願望是構成所有現實的本質，這個願望本身既不是物質也不是原子，這些在以後才出現。所有被創造的、做為現實的基礎而存在的一切，都基於這個享受快樂的願望，它是一種對快樂的渴求。在現實的各個層面，這個願望以各種不同的形式表現著。

每個卡巴拉學家，從亞伯拉罕到最後一個偉大的卡巴拉學家巴拉蘇拉姆（Baal HaSulam）無一例外地都堅信：創造的整個本質都由這個接受的願望所構成。每一本卡巴拉著作都在述說著這一同樣的事情，而且所有的卡巴拉學家在這方面都意見一致。

卡巴拉學家是那些已達成更高世界的人，他們不是從理論上，而是從他們實際達成的體驗中告訴我們。「達成」一詞在卡巴拉中，指的是最高程度的理解。讓我們用圖表的方式將事情表述得更清楚一些。

我們說到這個接受的願望是創造的基礎。它是由「更高之光」的擴展所創造的（在卡巴拉中，「光」代表給予、贈與、愛；它被用來表示「創造者」）。因此，是「光」創造了這個接受的願望，而這個願望想要被「光」所充滿。因此，這個接受的願望也被稱為感知容器（Kli），請參閱（圖1）。

換言之，給予的願望創造了這個接

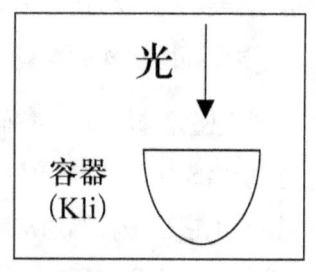

【圖1 「光」和感知容器（Kli）的關係】

受的願望,意味著「光」想要這個感知容器(Kli)接受「光」想要給予的東西。

這個接受快樂的願望是物質的開始;卡巴拉稱它為「元初物質」。不過,它還不是完全的物質,因為到目前為止,它完全是由「光」的行為所創造的。這一過程早於我們所知道的任何物質的形成,遠遠早於我們這個宇宙的物質的形成。

由於這個接受的願望源於「光」的行為,它在極其微小的程度上感覺到「光」(快樂)。到目前為止,這個接受的願望對「光」還沒有獨立的渴望。為了使其獨立並進一步發展這個接受的願望,我們必須在這個接受的願望中添加另外一個元素:意識到自己的存在的知覺。

創造者(「光」)給了接受的願望一個存在的感覺,令它感到有「一個給予者」的存在,也就是有某種東西給予了它正在體驗的快樂。因此,一旦這個接受的願望感覺到快樂,它便開始在這個快樂中感覺到了快樂的給予者。

同樣,我們在收到一份禮物時,我們感覺到送禮者對我們的態度超越禮物本身。我們需要注意,當我們談到創造者時,我們實際上是在指給予者。在這種狀態下,被創造

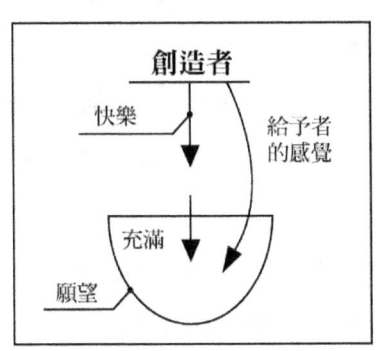

【圖2 創造物對創造者的感知】

01 卡巴拉遭遇量子物理

的存在物（創造物）開始感覺到在快樂和這個快樂的給予者之間有某種碰撞（圖2）。這種碰撞在創造物中引發一種反應，使它也想成為創造者，因為創造者高於快樂本身。到達這一點時，這個接受的願望就演變發展到下一個階段。

於是，這個接受的願望選擇成為一個給予者，想要變得像創造者（給予者）一樣。雖然，這還不是一個完全獨立的選擇，但這是創造物的第一個反應。這實際上是來自它對給予者的感覺的一種反應，是給予者令它產生的一種被迫的反應。所以，這個接受的願望在這件事上並沒有選擇的自由。

現在創造物開始考慮它能拿什麼回饋創造者。創造者能夠給予，因為他是快樂的來源。但當創造物也想要給予時，卻發現它沒有任何可給予的東西做為回報。

因此，透過它想給予創造者的這種需求，創造物發現了創造者的本性。創造物發現了創造者對它的愛。但是，如果創造者愛它的創造物，並且想要使它高興，那麼創造者本身應該想要或需求什麼東西。創造物發現創造者所需要的只是想要實現使創造物獲得快樂的願望：當創造物快樂時，創造者也快樂；而當創造物不快樂時，創造者也不快樂。

為了像創造者給予創造物快樂一樣，創造物也想實現它想要給予創造者的願望，為此創造物決定接受來自創造者的快樂來滿足創造者想給予的願望。這一過程有些類似於為了取悅其母親而去吃東西的一

個孩子。這樣一來，即使孩子是在接受他的母親給予他的食物，他的行為本身就像是在給予其母親一樣。

當創造物處於這樣一種存在的狀態時，我們可以說它和創造者是相似的——它接受創造者要給予的，僅僅是為了回報給創造者。創造物做到了像創造者那樣去給予。然而，這還不是創造過程的終點。現在，創造物已經執行了一種類似創造者的行為，它體驗到了一種額外的快樂——擁有給予者的地位所帶來的快樂。

這種額外的快樂在創造物中創造出了一個新的願望：也就是除了「光」最初在創造物中創造的接受的願望之外，一種新的渴望享有給予者的狀態的願望產生了。這個新的願望並非「來自上面」，直到此時，這個創造物才值得被稱為「一個被創造的存在物」、「一個創造物」（圖3）。

希伯來語單詞Nivra（被創造的存在物）源自詞根Bar（在……外部）。因此，「創造物」或「被創造的存在物」這一術語其意思是指在創造者的願望之外存在的某事或某人。

一旦這個創造物被形成之後，它經歷由

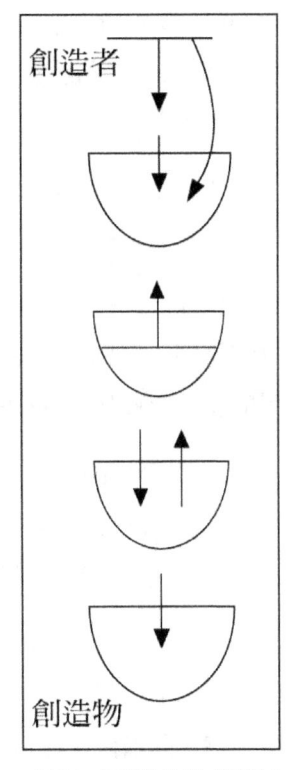

【圖3 創造物的形成過程】

# 01 卡巴拉遭遇量子物理

因果產生的一些相互關聯的狀態。這些狀態被稱為「更高的世界」。「更高之光」和接受的願望經過這些世界下降到被稱為「我們的世界」的這個最低的層次。

在我們的世界這一層次，我們完全被接受的願望所控制，而且我們徹底脫離了對「更高之光」、也就是創造者的感覺。

一旦這個接受的願望降落到我們的世界，它變得從創造者支配的範圍中獨立出來，因為只有透過這樣的分離，創造的目的——也就是使得這個接受的願望到達與創造者的等同目標，才能夠最終得以實現。在卡巴拉中，這種等同性被稱為「創造物和創造者之間的形式等同」。

卡巴拉智慧描繪這個接受的願望從創造的第一階段降落到我們的這個世界之間發生的每一個進化的階段。透過研究這些階段，我們可以瞭解到物質世界、時間、空間和運動都是如何形成的，以及這個接受的願望將會如何演變發展。

人類整個歷史都是由我們的接受的願望的進化發展決定的，這可以幫助我們瞭解人類是如何演變發展的。現實中發生的任何一個過程，毫無例外都是我們不斷增長的接受的願望發展出的一個結果。

一旦剛才描述的精神結構物質化，構成我們這個世界的物質就被創造了出來。我們的世界經歷了幾個進化的紀元，而今天我們正處在一個特別的階段，在這個階段，我們開始瞭解到向精神世界的發展必須開始。

今天，人類在社會和科學的兩個前沿都面臨著一些危機。很多跡象都表明，現今人類的前途嚴峻而黯淡，人類正在經歷一場全球性的危機。毒品濫用正在不斷增加，並開始向越來越年輕的群體中蔓延；抑鬱症就像瘟疫一樣迅速傳播，國際恐怖主義已經變得不可控制。

所有這一切的出現只有一個目的：幫助人類認識到我們所有的煩惱的根源是我們這個不斷增強的利己主義的接受的願望，並使我們認識到我們必須改正它。卡巴拉學家早在幾千年前就描寫了這個由於利己主義的不斷增強將會產生的結果，並解釋說當人類到達這種狀態時，也將是卡巴拉智慧向世人重新揭示的時間，以便用它的方法來改正我們的利己主義。

讓我們重述一下我們到目前為止所討論的。有一個想要給予的創造者，這是「根」或階段零。為了給予，他必須有某人去給予，而因為創造者想要給予，所以他就創造了一個容器 Kli（創造物）來接受他想要給予的「禮物」，也就是創造者給予創造物（Kli 容器），這是階段一。

為了使這樣的給予和接受發生，接受者必須首先想要這個快樂。如果是我在你身上創造一個對某樣東西的渴望，然後給予你在這個渴望中想要的，你不會喜歡我的禮物，因為這不是出自你自己的願望。你必須先感覺到這是你自己的願望，然後你才可以將它定義為「快樂」。因此，在階段一的最後，創造物開始感知到給予者和他的本性。

這個接受的願望透過感知到給予者（階段一）而演變發展，並因

01 ｜卡巴拉遭遇量子物理

而想要變得和給予者一樣（這是階段二）。在這個狀態下創造物感覺到變得像給予者一樣是值得的（這是階段三）。然而，這只不過是這個接受的願望在其形成過程中的一個階段，創造物並沒有真的意識到它正在接受任何東西。

事實上，創造物對以上的幾個階段還沒有任何意識，它們只不過是一個原始的粗糙的接受的願望在其進化發展過程中的不同階段。這個最初的願望還必須下降、成型，並且遠離創造者，直到它完全感覺不到創造者的存在為止。它必須一直降落到我們這個世界的層次，也就是只有到這時它才能感覺到在它內部存在的這個願望，並將它當作自己的獨立意願（這是階段四）。只有這樣，它才會相信它是自由的，並且不隸屬於創造者的領導。

在這種狀態下，當在我們的這個世界的某個人想要發現創造者時，那個想要發現的願望似乎將會率先出現。因此，一個人就能出於自己的自由意志去給予創造者，這種自願構成了一個人的自由給予的形式。你可能會說從創造者的角度來看，這一切都只不過是一個幻想和想像力的產物，而創造者才是這一切的真正導演。雖然這是一種正確的說法，但從創造物的角度來看，正是創造者的這種隱藏，使得創造物感覺到他自己是獨立的。

在階段三的最後，創造物決定接收創造者的給予，以便可以變得類似於他。雖然在階段二，創造物已經具有了給予的願望，但這還不是它自己的願望，這還不是在階段三中出現的「變得像創造者一樣的」願望，而是一個直接來源於創造者的願望。

讓我舉一個例子來說明我的意思。假定我想給你一塊蛋糕,你可能會說你不知道這是什麼,你沒有一個對這種蛋糕的初始的渴望。但是,當我說服你,你真的應該嘗試一下,因為它是一個奇妙的蛋糕。在這個勸說過程中,我即給了你願望,同時又給了你滿意,即對願望的滿足。

因此,在「這件事」(這個渴求)突然「醒來」和它開始意識到它自己在這兩個階段之間的過渡中,有一個進化演變發展的過程,這就好像它開始與創造者交談。這種發展來自於創造物中存在的兩種元素——快樂和快樂的給予者之間的內部衝突。實際上,所有存在的一切都不過是這兩個元素相互作用的結果。

階段三也象徵著一個新的願望在創造物中的覺醒:對創造者的嫉妒。在此方面,嫉妒是一個積極和有用的元素,因為它推動了我們進一步的演變發展。

最後,在階段四結束時,創造物感覺到它正在給創造者帶來快樂。因此,它認為它本身擁有和創造者同樣的地位,同時也感覺到了到達創造者的地位帶來的快樂,也就是給予帶來的快樂,成為一個創造者所帶來的快樂。

這種存在狀態在創造物中產生了一個享受該地位,並享受這一特別的快樂的願望。由於這個願望不是創造者直接帶給創造物的,而是創造物在自己的行為中演變發展出的結果,因而它被認為是一個屬於創造物自己的新的願望。而這正是我們所指的那個「享受快樂的願

01 卡巴拉遭遇量子物理

望」（圖4）。

在這最後的一個階段中，創造物接受到了從分享創造者的地位所帶來的快樂，並且沉醉於其中。因此，創造物沉浸在兩種快樂中：一種是直接來自創造者的快樂；另一種則是分享創造者的地位帶來的快樂，這種存在的狀態被稱為無限（Ein Sof），是指在這個願望上沒有任何限制的一種狀態。

這裡指的不是物理意義上的距離、時間或空間的限制。更確切地說，這是對願望的本質的一種認知，也就是說這個願望本身是不受限制的。

在接受到這些快樂後，創造物再一次發現存在著一個快樂的來源。它發現給予者是快樂的來源，並且感覺到自己是一個接受者。這一次，這個感覺是真實的，因為在這種狀態下，這個接受的願望是屬於創造物自己的，而不是最開始時來自創造者的那個初始的願望。

因此，創造物感覺到它想逃離自己的這種接受的願望。它躲避它，不想再附屬於它自己的願望。這種對自

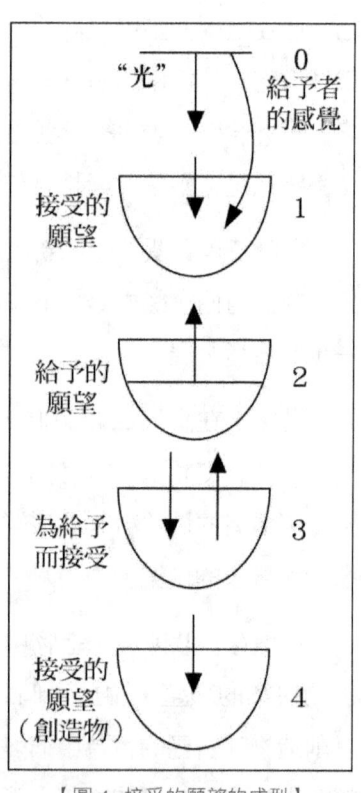

【圖4 接受的願望的成型】

己願望的拒絕，導致它去「限制」它（避免使用它）。那個願望仍然存在那兒，但現在創造物開始壓抑著自己不去使用它。因此，那個滿足的感覺——也就是快樂也停止了。

創造物始終保留著一個渴望，就是決心要去到達創造者的狀態，這變成了創造物現在唯一希望擁有的狀態——也就是達到給予者的狀態。它感覺它必須將一切都給予創造者，而不求為自身獲得任何回報。從這一點開始，它所採取的所有行動的目的都只是為了要實現這個目標。

為了達到這個目標，這個創造物執行了一些複雜的操作：它在「更高之光」上構建了一系列的隱藏（覆蓋物），它們被稱為「世界」（希伯來語單詞「世界」是 Olam，它源自單詞 Haalama，隱藏）。在這一系列的世界的最底部存在著的就是我們的「這個世界」（我們感知的物質世界）。因為創造物被創造的過程是由五個部分組成，那「最高之光」的減弱也同樣經歷五個不同層次的隱藏，這五個相應的世界依次是：Adam Kadmon、Atzilut、Beria、Yetzira，以及 Assiya。

在構建這些世界的過程中，創造物為它自身建立了一個周圍的環境。在 Atzilut 世界中，這個接受的願望被劃分為兩部分：一個是內在的部分，也就是靈魂，另一個是外部的部分——靈魂在其中進行運作的環境（環繞物）。這個階段仍然同我們的世界無關。最後發生的事件導致了靈魂與它的環境經歷一個破碎的過程，並因此下降幾個層次到達「這個世界」的層次。直到這時才開始構成我們這個世界的物質的形成過程。

01 | 卡巴拉遭遇量子物理

從這一階段開始，從這個接受的願望的破碎開始，我們熟悉的物質世界的歷史演變開始了。一旦宇宙被創造出來，靜止的（非生命的）、植物的以及動物的層次相繼產生，在它們之後形成了對應於我們的說話的（人類）層次（圖5）。

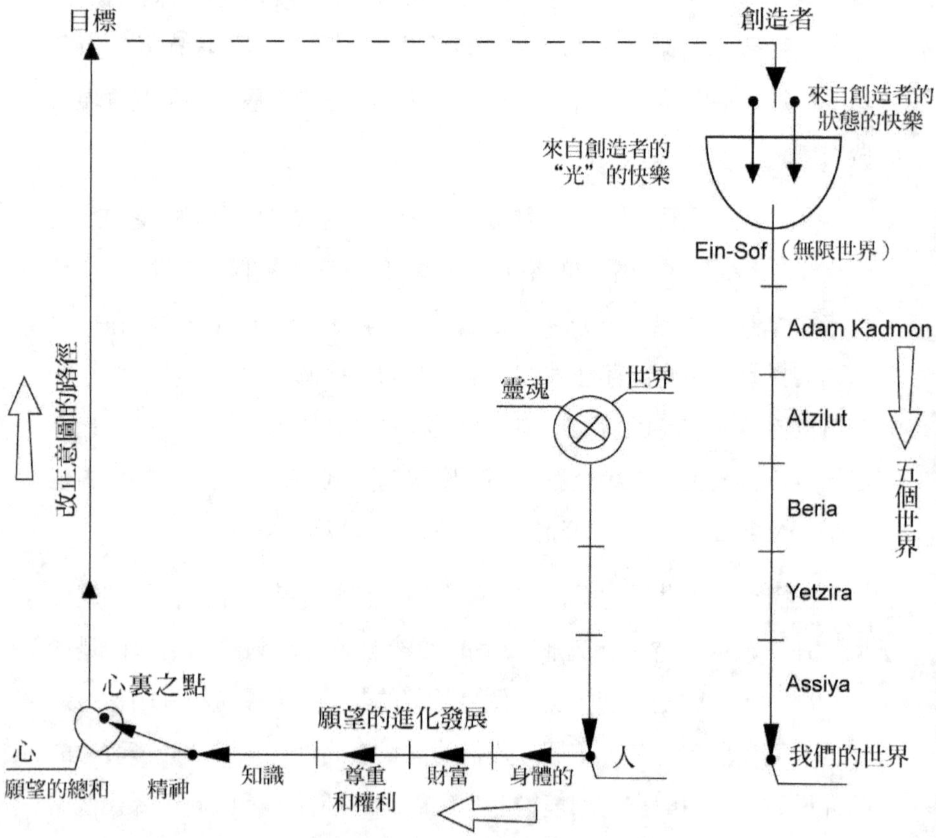

【圖5 創造的全過程】

在其最初的進化階段，人類的願望表現為對生存、繁殖後代和建立家庭、為滿足身體基本需求的願望。身體始終需要獲得這些基本需要，以維持其自身的生存。即使我們獨自生活在一個小島上，我們也會需要它們。

在我們發展的第二個階段表現為一個越來越渴望獲得財富的願望，緊接著是對權力和尊重的渴望。這些追逐財富、權力和尊重的願望，被認為是「社會性的願望」，因此，它們的產生需要有兩個因素。

（A）我們從我們所處的社會環境中得到這些願望。如果我們獨自一人，我們就不需要它們；（B）這些慾望只能在一個社會的框架內實現。

最後的進化階段，則表現為對知識和學問的渴望。我們需要越來越多的知識，想知道並研究一切事物──科學由此得以發展。

今天，由於我們即將接近這個已經延續了幾千年的發展階段的尾聲，我們開始明白到它真的不能為我們帶來任何東西。我們發現我們自己處在一個獨特的境地：我們想要被快樂滿足，但在我們周圍卻找不到任何真正的快樂之源。此外，我們甚至不能準確地定義我們到底想要什麼。因此，我們發現自己困惑，並感覺迷失了方向，就像走失的孩子一樣，不知道要走哪條路。儘管我們想要某些東西，但我們卻不知道它是什麼或在哪裡可以找到它。

我們用「心」這個詞來表達那些在我們生命循環中不斷演變發展的物質的願望的總和，它包括：身體的願望、社會的願望以及對知識

01 ｜ 卡巴拉遭遇量子物理

的渴望。和這些願望相對立的是那個「心裏之點」，一個在所有其他願望之上發展出來的一個新的願望之「點」。事實上，這個心裏之點是想要知道更高力量的一個正在被喚醒的願望，並且正是這個正被喚醒的願望把一個人引向卡巴拉智慧，最終透過利用卡巴拉的方法實現這個願望。

這個心裏之點的喚醒帶來了混淆，它是來自於心裏之點在更高世界的起源處的副產品。更高世界的那些法則屬於一個時間、空間和運動等概念都不適用的現實範疇。

自然而然地，我們的大腦與生俱來就被造就成一種模式，使我們始終以時間、空間和運動等來思考。但在這個最新的階段，我們開始發現，決定著一切的是我們個人如何感知現實的方式，而現實本身其實是永遠不變的。

因此，我們逐步開始感覺到真正的現實是靜止的，並且慢慢感覺到時間、空間和運動其實根本就不存在。我們開始認識到我們過去的所有體驗都只不過是發生在我們的感覺之內，也就是一切都取決於我們如何培養我們自身去感知的能力。

我們需要經過一定的時間來適應這樣一個概念：除了我們打開我們自身的「感覺工具」的程度之外，其他任何東西都不會發生變化。一旦我們已經做到這些，我們將開始以一種全新的方式去感知我們生存的這個世界，我們將很自然地、真實地，在沒有任何限制、偏見、規則、壓制、強迫或外部壓力下去感知這個世界。

這個心裏之點就是對精神世界的渴望的開始之點。今天，還只有相對比較少的一部分人處於這個階段，但其人數一直都在不斷增加。最終，每一個人都會到達這一點，那時，對創造者的渴望將壓倒一切，這個心裏之點正是由前面所述的那個嫉妒心引發出來的，也就是說，這是每一個創造物內在的一種需求，一種想要到達創造者的那個狀態的需求。

我們必須明白當我們說創造者是好的，我們指的是創造者創造我們的目的，是為了將我們帶到一個最佳的狀態，即創造者自己的狀態。因此，這是我們必須被帶入的狀態。任何比這更低的狀態都被認為是不完全的。因此，創造的目的就是使我們能夠到達和創造者等同的那個狀態（圖6）。

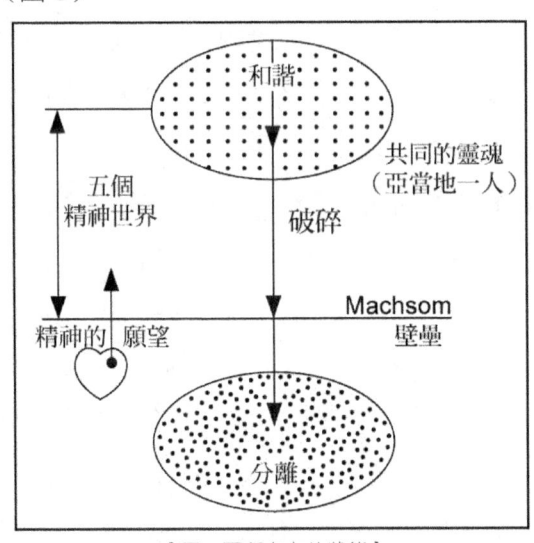

【圖6 兩種存在的狀態】

01 ｜卡巴拉遭遇量子物理

　　但是，為了到達創造者的層次，我們必須開始感覺到我們的願望和創造者的願望正好完全相反。創造者只想給予，而我們的願望是只想接受。這正是導致感知容器（Kli）和「光」相反而產生的空虛和黑暗的原因。承認這種對立性是真正使我們成為創造物的開始。為了讓我們知道創造者，我們必須先認識與他相反的這個狀態，也就是從「與創造者對立」的狀態開始，這是一種使人無法忍受的痛苦的狀態，而且它在考驗我們承受這些痛苦的能力上加上了一個大大的問號。

　　平心而論，我們至今甚至還沒有開始這個認識「與創造者對立」的狀態的過程。為了感覺我們與創造者處於完全相反的狀態，我們將不得不從情感上下降到一個非常低的層次。卡巴拉智慧之所以在這時候出現，是因為我們在身體層面上不可能承受得了這些狀態，卡巴拉是一種能使我們輕鬆地經歷與創造者相反的那些狀態的方法，使我們在意識和思維中體驗那些狀態，而不是在我們的身體層面去承受那些痛苦。

　　我們可以用一個生病的人來類比這個過程。那個人可以選擇等待，直到那個痛苦變得不能忍受，然後去找醫生，他也可以在疼痛剛剛出現時就去看醫生。在後面一種情況中，對問題出現的早期診斷會使那個人免去因這種疾病實際爆發所帶來的痛苦。換言之，一個聰明的人在病症一出現時即採取藥物治療，從而防止其病發帶來的痛苦。

　　透過這樣做，一個人可以透過理智，有意識地去進化發展，因而，創造物（Kli）學會去感覺到自己和「光」是相對立的。卡巴拉智慧是一種幫助我們透過知識，而不是透過經歷痛苦主動地進化，它在今

天的出現，就是為了讓人類在利己主義完全暴露自己之前、在各個層面給人類造成可怕的毀滅和大災難之前，認識到邪惡就存在於我們的利己主義本性之中。

因此，卡巴拉智慧做為幫助我們實現我們的進化和創造的目標的方法，應該讓全人類都能獲得。越多的人從事卡巴拉的研究和學習，越廣泛的在這個世界傳播卡巴拉，我們就將變得更好。巴拉蘇拉姆（Baal HaSulam）在《對光輝之書的導讀》（Introduction to the Book of Zohar）中對此做了清晰地闡述。

第一個詢問有關宇宙和控制人類的力量的研究者就是亞伯拉罕。他跟很多人一樣，住在美索不達米亞（古代波斯），當時，人類還沒有分裂成各個民族。他發現了這個可以使我們去知道那個超越我們的普通感知之上的現實的方法，也就是卡巴拉，他把自己的研究和發現寫在一本叫 Sefer Yetzira《創造之書》的書裡。

亞伯拉罕開始召集學生，向他們傳授卡巴拉智慧。隨著時間的推移，這群卡巴拉學家最終形成了一個民族，就是以色列民族。許多年之後，也就是在第一節第二聖殿被毀後，這群卡巴拉學家失去了對更高現實的感知；他們從能感知到精神世界的精神意識的層次降落到了只能夠感知到物質現實的層次。

這實際上是一個逐漸發展的過程。一些人在第一聖殿毀滅時失去了他們的精神感知，其餘的人則在第二聖殿毀滅時才失去了它。阿齊瓦（Akiva）是當時最後一個到達「愛鄰如己」這個精神法則層次的

 01 | 卡巴拉遭遇量子物理

偉大的卡巴拉學家。利己主義的不斷增強引發了毫無根據的仇恨，從而導致人們用宗教取代了卡巴拉智慧。

然而，儘管有這種下降，仍然有極少數的被揀選的卡巴拉學家，他們一代一代地在傳承著這個卡巴拉智慧，直到全人類開始需要它的時刻的到來。今天，我們必須重新點燃這一古老的科學、振興對卡巴拉科學的學習和研究、透過它去發現更高的現實，並將它傳遞給全人類。

然而重要的是要注意卡巴拉與宗教沒有任何關係，它並沒有意味著我們需要進行任何身體層面的行為。正如我們前面已經提到的，卡巴拉研究的只是和創造者有關的願望和意圖。

這可能會導致我們得出如下結論：既然應對我們未來挑戰的解決之道，取決於卡巴拉智慧在全人類中的傳播，我們是不是要使每個人都變為卡巴拉學家呢？事實上，我們沒必要這麼做。

整個人類被構建的就像是一座金字塔。正如任何其他領域一樣，世界 99% 的人口都是被動的。他們不做研究或發展，而只是依賴於科學發現取得的那些成果去生存。

因此，我們應把傳播重點轉向為我們世界的命運和人類的未來擔憂的那些人們。我們並不期待幾十億的人馬上都來學習卡巴拉，但如果我們可以用卡巴拉科學向人類呈現一幅真實的現實的畫面，它將迫使所有人都去改變，因為我們都是這個單一的整體結構的組成部分。

正如我們以上所說，創造者創造的這個容器——創造物（Kli），

在 Atzilut 世界中變成了一個靈魂。這是一個集體的或共同的靈魂，稱為 Adam ha Rishon（亞當，第一人）。在開始時，這個靈魂的所有部分都極其和諧地連接在一起，並且它被「更高之光」充滿著。在這個狀態下，各個部分的總和創造出一個共同的完美。隨後，這個靈魂經歷了一系列破碎的過程，並下降到一個被稱為「在壁壘之下」的層次。在這個層次中，精神的感覺終止了。這個單一靈魂的各個碎片則繼續在壁壘之下存在著，但卻感覺彼此之間是互相分離的。

要澄清這些概念的話，我們可以說它們和從前一樣還處於「同一個地方」，但是另一種感覺被添加給他們。這是一種讓他們感到他們只存在於他們自己之內的感覺。在精神世界沒有空間、地方等，所有的變化只是發生在他們的認知和他們的感覺的品格的變化上。因此，每一個碎片部分現在只生存在其自身之內，除了感覺到其自身之外，其他什麼都感覺不到。

這種存在的狀態被稱為「這個世界」，這正是我們目前所處的狀態。更高的力量正在作用於我們（與他分離的部分），以便把我們帶回到改正的狀態，而這將是創造的目的實現的過程。

實際上，更高的力量將我們「扔」到這個世界的目的，就是為了讓我們認識到我們和它是如何的不同。我們必須自己想要從這最低點攀升回到那個存在的正確狀態，在那裡我們全部都是連接在一起的。人的本性與創造者的本性之間的差距的有力例證，恰恰正是貫穿人類歷史數千年的痛苦，這一預先設計好的下降和上升的整個過程，就是為了使我們能夠看到我們彼此之間是多麼地互相憎恨。

 01 ｜卡巴拉遭遇量子物理

換言之，每個人的「利己主義」必須被徹底暴露出來，只有這樣，我們才會認識到為什麼我們必須心甘情願地彼此重新團結起來。

我們必須明白，當我們想要滿足一個願望時會出現的問題。例如，當一個饑餓的人坐在餐館裡等待一頓可口飯菜的到來，當飯菜被端上來，這個人從開始吃的一剎那，食慾就開始減少。這人吃得越多、他的饑餓感越小。隨著饑餓感的缺乏，快樂也跟著消失了。即使還有很多食物留在飯桌上，哪怕食物非常美味可口，沒有一個想要它的願望（食慾、饑餓感），這個快樂也停止了。

這種相同的劇情在每一個願望的滿足過程中都在重複的上演，只是同樣的故事、不同的版本而已。當一個願望在我們心中浮現時，我們就被激勵著想要去滿足它。我們費盡心力去滿足我們的願望，但一旦我們的願望得以實現，快樂感隨之也消失了。這可能會延續幾分鐘、幾個小時或幾個星期，但遲早（大多數很快）那個滿足感會消散。因此，正是那個滿足願望的快樂消滅了這個願望本身。

此外，獲得一個快樂將生成兩倍於之前願望的一個更大的新的願望。卡巴拉學家說過「一個人有了100就想200，一個人有了200就想400」，正所謂慾壑難填。結果是，當我們獲得了某些快樂時，我們卻留下雙倍於之前的空虛。如果我們真能找到一種永遠被快樂充滿的方法，那麼我們就會一直感覺到生命的永恆。

有一種方法能夠做到，即將「感覺的單元」分成兩個部分。一部分去接受快樂，而另一部分去感覺它。換言之，如果存在著其他人，

快樂若可以由我傳遞給他的話，我的快樂感就不會被熄滅。如果在我接受快樂的這個過程中，有另外一個人存在，這個感覺單元就可以被拆分成兩個部分。

在這種情況下，我可以把快樂的接受者和快樂的感覺者分開。接受者會是其他的人，而感覺快樂的人則是我。這樣做，快樂的感覺就可以變得沒有止境，並產生一種永恆的生命的感覺。

我們可以用一位母親和她的孩子的關係來進一步類比上述情況。母親享受她的孩子的歡樂，因此可以毫不限制地給予她的孩子，並且因此沉浸在這種給予帶來的喜樂之中。如果我可以用同樣的一種方式去愛一個人，去取悅一個人，就好像是為我自己帶來快樂的話，我的喜悅感將會是無限的。為了認識到這個快樂的原理，我們的靈魂不得不破碎並降落到這個世界。

當心裏之點——也就是一個真正的想要重新喚醒對精神世界的感覺的願望——在人的心中被喚醒時，他們將走入卡巴拉智慧。學習卡巴拉智慧是對我們的真實狀態——在靈魂破碎之前的狀態的學習。而這是存在的唯一狀態。即使現在，我們也存在於那個狀態中，只是我們對它已沒有知覺。透過希望走出我們現在所處的黑暗的狀態，並覺醒過來去感受我們真正的存在狀態，我們吸引處於那個狀態中的「光」來對我們產生作用。

當我們努力開啟我們的感覺工具，去感知我們實際存在的狀態時，我們就在自己內部開發出新的感覺容器。那樣我們就會開始感覺

01 ｜卡巴拉遭遇量子物理

到我們是如何做為一個單一系統中不同的組成部分而相互連接在一起的。

無止境的「光」和滿足一直在不斷地流過系統的每一部分。我們在這個世界上所經歷的所有痛苦和煩惱的原因正是為了強迫人類重新返回到那個真正的、完美的狀態，那個狀態被稱為改正結束（Gmar Tikkun）。

重返本來的那個完美狀態是創造者從頭至尾事先設計好了的一個過程。每個階段都是完全被決定好的。在我們每個人中，都存在著一個精神基因，它印記著我們所有的過去、現在和未來的狀態。

靈魂必須順著它從上面降落下來時的那個相同的路徑和各個階段再攀升回去。然而，返回之路卻取決於我們發現自己的利己主義是糟糕的，並認識到接近創造者才是更值得我們去體驗的更好的一種狀態這一認知的程度。

因此，那些在精神基因中預定好的各個階段透過「光」，即透過更高的力量進行演變發展，並帶領我們從一個狀態到另一個狀態。如果我們認識到提升並「邀請」「環繞之光」作用於我們符合我們自身的最大利益的話，我們將加速我們的進化並開始去感受真正的精神領域。因此，我們的自由選擇僅僅在於我們是否選擇加速這一進程。

「環繞之光」一詞描述了更高的力量如何吸引我們向給予的品格靠近。它將我們引向改正的狀態，也就是逐步獲得創造者的品格。即使我們感覺不到，其實我們未來的所有狀態都存在於我們每一個人

的內部。我們的利他的、改正後的狀態在我們利己主義的狀態上的投射，喚醒了位於我們內部的給予的品格。

我們改正後的狀態稱為改正結束（Gmar Tikkun）。在 Gmar Tikkun 狀態中，每個靈魂都充滿了無限的快樂，並且與創造者處於完全的形式等同。在我們目前的狀態下，來自 Gmar Tikkun 狀態中充滿我們靈魂的「光」是以「環繞之光」的形式照耀著我們的，它的力量的大小，取決於我們想獲得給予的品格的那個願望的強度。

「更高之光」就是給予的力量。如果一個人想要獲得給予的品格，這個人必須使給予的力量——即一個人改正之後充滿他／她的「光」——投射到他／她目前的狀態上。「環繞之光」改正我們，並把我們帶回到給予的品格。這就像一個正派的人曾經誤入歧途，但現在重新清醒過來回歸正途一樣。

事實上，為了穿越將物質世界和精神世界分隔開來的那個壁壘，我們必須改正我們的意圖，從彼此仇恨改正為彼此關愛。這個同樣的規則適用於創造的所有部分，從現實中最低的形態到最高的形態都遵從這個法則。這一切都取決於發現這些規則的觀察者的態度。

但是，直到一門科學能夠被用數學的方式建立起來，它還不能算是一門科學。例如，量子物理學針對的是一個受時間和空間限制的現實。而我們在這裡談論的東西卻是超越時間和空間限制的。

因此，只要量子物理學沒有擴展到包含超越時間和空間的那些維度，傳統的科學研究可能都很難繼續進行這項研究工作。正因為如

01 卡巴拉遭遇量子物理

此,一定要在量子物理和卡巴拉之間找到一個切合點,因為卡巴拉研究的現實正是物理科學無法觸及之處,也就是某種程度上,科學的終點是卡巴拉的起點。

換言之,要發展到一個更高的水準,我們必須擴展當代科學的研究範圍,將意識包括進來,對科學而言,這可是一個飛躍。

在這一點上,我們先來描述一下卡巴拉與我們對現實的感知的關係是怎樣的,這可能會對大家有所幫助。我們透過我們的五種感覺——視覺、聽覺、嗅覺、味覺和觸覺來感知現實。但是,所有我們真正感覺到的只不過是我們對存在於我們外部的東西和我們的五官產生的反應而已;而根本不是對實際、客觀的現實本身的感知。

例如,聲波到達我的耳朵,將會被解讀為聲音。我知道它是因為我的耳膜與對它產生壓力的聲波的那個反應。事實上,我測量的只是我自己耳朵的那些反應;我感知的並不是那個聲波本身。我所能感知的聲音範圍依賴於我的聽覺能力和我的聽覺機制的健康狀況等。但是,我根本不知道在我的外部實際發生的到底是什麼。我們所有的感知和感官的工作原理都是相似的。

可以說我們就像是一個封閉的黑匣子,所有我們衡量的只是內部的印象,這些印象在我們內部產生一個外部的現實在變化的一種感覺。我們實際上根本無法知道是否有任何變化在發生;我們甚至無法知道在我們的外部到底存在著什麼。我們就是沒有走出自己,並沒有辦法檢驗它。

威廉·泰勒教授提到著名的丹麥研究人員托爾·諾里特朗德，出版了一本書《使用者幻覺》（The User Illusion）。諾里特朗德在書中闡述了一個關於無意識的功能以及它包含著什麼的非常有趣的觀點。研究顯示人的五種感官每秒鐘感知到的資訊有 5000 萬位元（bit），它們被收集在意識中形成資訊流。潛意識對這個資訊進行數學式處理，但它只處理資訊的一個很小的部分——每秒處理資訊量大約只有 50 位元（bit），也就是說，只處理接收到的資訊的百萬分之一。

很明顯，在接收到的 5000 萬位元（bit）資訊和被處理的 50 位元（bit）資訊之間存在巨大的差距。請注意，這裡的重點是潛意識發送到大腦的只是大腦預先確定為有意義的資訊。其餘的資訊則被潛意識放棄掉了。這些研究結果似乎證實了卡巴拉關於接受的願望的觀點。

現在我們還不知道最前沿的科學和最傑出的研究人員是否認識到了科學研究的進展將取決於我們自己的內在特性的改變——也就是研究人員本身的內在品格的改變。最後會發現我們實際上一直在研究我們自己；我們在研究上的進展取決於我們能夠改變自己的程度。

在 What the Bleep Do We Know ?《我們到底知道什麼？》這部影片和發表在流行的科學刊物上類似的文章中都在說，在我們周圍存在著無限的可能性。卡巴拉智慧告訴我們，在我們身邊存在著的只有處於完全靜止狀態的「更高之光」，所有的改變和無限的可能性都只存在於我們自己的內部。所有我們看到的只不過是我們自己的品格在那個固定不變的「更高之光」中的投射的映射而已。

01 | 卡巴拉遭遇量子物理

　　筆者認為：要想在研究中取得進展,我們必須改變自己,這是一個全世界在接下來的時間裡都要認知的概念。這個過程開始於牛頓,繼續於愛因斯坦,並延續到了量子物理。現在是開始下一階段的時候了。研究者最終會發現,除了我們內部的感知的工具發生變化外,其他什麼都不會發生變化。這是卡巴拉學家在幾千年前就已發現的概念。今天,越來越多的研究人員和思想家都正在預言科學將證實並得到這個相同的觀點。

第四節　給予的力量和接受的力量

　　我們現在所擁有的卡巴拉知識，是由那些其靈魂燃燒著要去探尋有關生命存在的意義的問題的人，用卡巴拉的方法探索得到的結果的結晶。他們用一種特殊的方法開始感覺那個完整的現實，他們著書紀錄下他們的發現。當卡巴拉學家們第一次感覺到那個完整的即時，他們稱之為「雙眼的開啟」。

　　這個開啟雙眼的過程，就是一個我們之前提到的那個無限的狀態（Ein Sof）降落下來，而後重新攀升回那個相同的層次的過程。卡巴拉智慧包含兩個平行的順序：

　　◎從上到下——接受的願望從無限世界 Ein Sof 經過所有更高的世界下降到「這個世界」的過程。

　　◎自下往上——是指研究者從「這個世界」，穿越壁壘，再經過更高的世界攀升回到無限世界 Ein Sof 的過程。

　　卡巴拉探討接受的願望，也就是享樂的慾望。正如我們已經說過的，在這個接受的願望的創造過程中有五個階段。我們將這些階段用四個希伯來語字母標記：分別是 Yod 的尖端（˙）、然後是 Yod（י）、Hey（ה）、Vav（ו）、Hey（ה），我們將之縮寫為 HaVaYaH。我們同樣給這五個階段指定五個相應的名稱：Keter、Hochma、Bina、Zeir Anpin 和 Malchut。

Yod 的尖端是 Keter（圖 7），象徵著從「光」中分離出來的接受的願望開始顯現，就像是在「光」內部的一個黑點。從這個點發展出字母 Yod——最初的願望。字母 Yod（ י ）的形狀就像在一個點的頭部長有一個尖端而在尾部有一個尾巴。它象徵著一個以前不存在的新的物質——也就是接受的願望的創造。這一階段被稱為是 Hochma。

一旦字母 Yod（ י ）開始演變，這個接受的願望透過從創造者那裡吸收給予的品格而繼續發展。給予的品格和接受的品格的組合生成一個新的品格叫做 Bina，並被指定用字母 Hey（ ה ）表示。

Bina 包含著想要變得和產生它的「光」相類似的最初的物質。

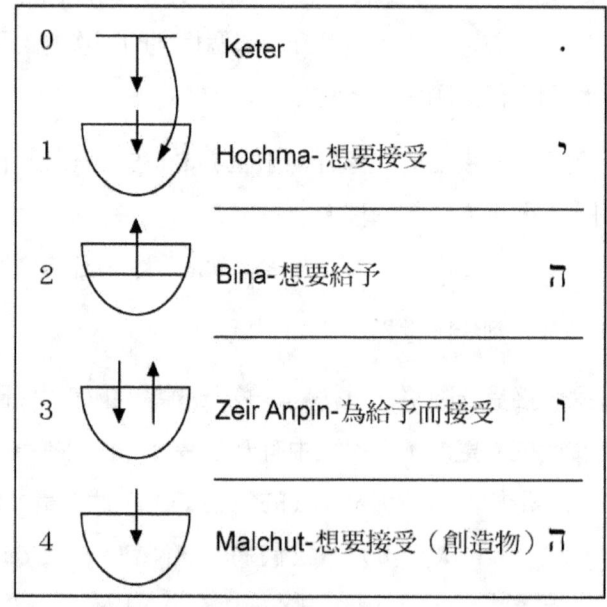

【圖 7 願望的演變過程】

Hey（ה）的形狀象徵著接受的品格和給予的品格的結合。這種結合在最初的接受的願望中產生出給予的形式。

緊接著，這個願望想要表現出一種給予的行為，就像創造者以前做的那樣，因此想要變得像字母 Yod（י）一樣。但因為這次是這個願望本身表現出的一種行為，它被指定的字母形式是 Vav（ו）。

字母 Vav（ו）象徵著我們要想成為給予者、即變成創造者的努力。但是，字母 Vav（ו）的行為被視為是不完全的，因為它是一個事先已做出的一個決定，是字母 Hey（ה）中產生的那個給予的願望的一個自然的結果。這個願望的不完整性，由字母 Vav（ו）來象徵，這個字母被隱含在願望的名稱 Zeir Anpin——小臉（亞拉姆語）中。Zeir Anpin 缺少獨立的決定，也就是缺少「頭」。

當 Zeir Anpin 表現出給予的行為時，它發現做為一個給予者到底意味著什麼。結果是，它就開始想要達到給予者的地位／狀態，而這個最後的願望被稱為 Malchut。Malchut 的願望的目標是完全地獲得給予的品格，因此，像 Bina 一樣，它也由字母 Hey（ה）來象徵。

但是，在第一個 Bina 的 Hey 和最後的 Malchut 的 Hey 之間存在著一種根本的區別。在 Bina 中，接受和給予的組合都源自創造者，「來自上面」；而在 Malchut 中，這個組合則「來自下面」，來自我們自己想達到給予者的那個地位／狀態的渴求，是一種從這個接受的願望自身衍生出來的願望。現在，我們可以看到為什麼字母 Yod、Hey、Vav、Hey 象徵創造者的名字。它是創造者塑出這個接受的願望的

範本，在這個範本中，這個接受的願望將創造者感知為充滿（滿足）它自己的「光」（快樂）。

一旦在 Hochma 中「光」充滿了這個接受的願望並將「光」的背後存在著一個更高的給予者的感覺灌輸給它，這個願望就開始感覺到自身是一個接受者，因而它想變得像那個給予者一樣。在這一階段，這個願望可以輕易地改變其性質，因為這時的願望還不是一個獨立的願望，它只是來自創造者的願望。但是，在 Malchut 中的接受的願望，已經是創造物自己獨立的願望。

當在 Malchut 中的這個接受的願望，即想接受來自創造者的「光」帶來的快樂，同時又想接受享有給予者的地位／狀態帶來的快樂時，它開始看到自己的品格和「光」的品格的對立性。這時，這個接受的願望體驗到其自身和「光」之間在品格上的差距。感覺到這種令它痛苦的差距，使它決定採取一個叫做 Tzimtzum ——也就是限制「光」的行為。換言之，它在發現自己的品格和創造者的品格是如此地相反時產生的反應（羞恥感），令它把充滿自己的所有「光」都排除了出去。

從這一階段開始，這個限制（Tzimtzum）就成為了創造物的所有行為的支配性法則。「光」將不再從創造者進入到一個品質相反的願望中，因為這是創造物自己做出的決定。如此，限制（Tzimtzum）成為創造過程中一個絕對的法則。

限制（Tzimtzum）的法則意味著只要我們（創造物）還是利己主

義的，我們就無法感覺到創造者以及來自他的快樂。在整個現實中，只有非常微小的一部分，被稱為「這個世界」，在那裡一個人可以不管這個限制（Tzimtzum）的法則，可以在利己主義的願望中接受並享受快樂。這種狀態使得我們在開始改正我們自己，並變得更像創造者之前，能夠生存在物質世界的層次。

我們必須明白，一種自私自利的存在，就像我們在這個世界目前的存在狀態，在現實中並不真的存在。從這個世界向上攀升意味著一個人的願望向著給予的品格的方向接近。在這個世界，接受的願望是向內（為自己）運行的，而在精神世界中，它則向外運行、給予，就像創造者一樣。

換言之，精神世界遵守這個限制（Tzimtzum）的法則，而且「精神」這個術語是指我們和創造者類似的那個狀態。在我們目前的狀態下，我們是利己主義者，和創造者正好相反。

現在讓我們回到那個創造的過程。「世界」一詞描繪了創造物，也就是這個接受的願望的某個特定的狀態。因此，創造物在限制（Tzimtzum）之前的狀態被稱為「Ein Sof 世界」（無限的世界），而在限制（Tzimtzum）之後的狀態被稱做「Tzimtzum 的世界」（有限的世界）。

在限制（Tzimtzum）之後，那個感知容器（Kli）一直保持著一種空虛的狀態，而且應該決定下一步做什麼。它感覺到繼續維持這種空虛的狀態對其自身和創造者都毫無意義。雖然，這個限制（Tzimtzum）

 01 ｜卡巴拉遭遇量子物理

的行為使得它從「光」的支配中獨立出來，但這麼做，卻仍然沒有給它帶來任何東西，因為這個限制並沒有使它變得像創造者一樣成為一個給予者。

這個感知容器（Kli）知道它可以採取一個它從 Hochma 過渡到 Bina 時曾經採取過的類似行動。但是，這次卻是出於它自己自由的、獨立的意志。它認識到，如果它能夠從創造者那裡接受「光」時，它的意圖卻是為了給予創造者，為了使創造者快樂時，這樣的接受就能給創造者帶去快樂，畢竟，這也是創造者的願望——使創造物快樂。

因此，當最初的「光」，也就是快樂進入到創造物——感知容器（Kli）時，伴隨著感到快樂來自於創造者的感覺，創造物在開始時拒絕了它們。它這樣做是為了不去直接感覺它們，以避免感覺到因為和創造者完全相反而產生的羞恥感。正是以這種方式，創造物遵循著限制（Tzimtzum）的法則，為的是不允許自己為了自我滿足的緣故而去接受。

在這之後，創造物衡量了擺在它面前的快樂，並與自己享受的願望做出權衡對比。只有當創造物準確地知道為了取悅創造者而不是取悅自己能接收多少快樂時，它才決定接受一定量的快樂。其餘的「光」都被排斥了回去。

卡巴拉學家用一個客人和主人的例子對這種關係進行解釋。主人準備了各式各樣客人喜歡的美味佳餚，並將客人邀請到餐桌旁。但客人卻因為感到羞愧而禮貌地拒絕了他。客人這麼做的原因的真相是客

人害怕感到自己像一個接受者，並因此保護他的自我免於受到羞辱。

現在輪到主人懇求客人：「我準備的這一切都是為了你！你知道我多麼關心你嗎。我為你準備的這一切都是想使你高興，你能為了我吃一點嗎？」透過如此的勸說，主人在客人面前顯示出自己所欠缺的東西，他想要的就是客人接受他的給予（吃為他準備的飯菜）。現在客人感覺到同意吃這些食物可以滿足主人的需要。因而吃主人準備的飯菜正可以給主人帶來好處。

因此，這時力量的平衡改變了：如果客人接受是為了使主人高興，它就不再是一種接受，而是變成了一種給予。也就是說客人利用主人的愛把快樂還給了主人。

這種接受及給予之間關係的另一個例子是在父母和孩子之間。事實上，孩子是家裡的頭兒，他利用父母的愛來操縱他們，以滿足他自身的需要。自然地，這些例子中的人都是利己主義者。在精神世界中，事件發生的方式則有很大的不同，但這樣的例子可以幫助我們理解這個原理。

在更高世界中，事件發生的過程建立在一個非常相似的原則上：如果一個人接受快樂是為了使創造者高興的話，這種接受就不被認為是一種接受，而是一種給予。如果人類這麼做的話，人類就會與創造者變得等同，並因此獲得創造者的思想。

換言之，在最開始時，「光」就用一個巨大的、對它的完全的渴望創造了我們。即使現在這個願望依舊深藏在我們心中，只不過它處

01 ｜卡巴拉遭遇量子物理

於一種潛伏狀態，因此我們感覺不到創造者的「光」。對「光」的這個渴望必須被喚醒。

認識到我們採用的是一種純粹的科學方式來研究「創造者」的概念是非常重要的。換言之，我們可以用精密的工具測量我們對創造者的感覺、量化每一個感覺，並用數字將它表達出來。我們用來衡量對創造者的感覺的工具被稱為「卡巴拉智慧」。透過它，可以精確地定義是哪些「光」充滿了感知容器（Kli）的哪一個部分，力量有多大，以及是在哪些條件下充滿的。

卡巴拉探討被創造者創造的這個接受的願望。這兩者——接受的願望和它的創造者，他們是非常高的兩個元素，在此意義上講，他們遠遠先於所有宗教和信仰體系。卡巴拉是研究現實中這兩個互相作用的力量的科學，其中那個給予的力量被稱為「創造者」，而另一個接受的力量，則被稱為「創造物」。

卡巴拉與任何宗教或任何信仰沒有任何關係。我不想用卡巴拉同其他的教義相比較，我也不想討論任何宗教，不論是印度教、猶太教、基督教還是伊斯蘭教。如果我們可以討論有關更高世界的物理學的話？我們為什麼要討論宗教呢？

在解釋這個問題時，我們面臨的挑戰是我們無法比較我們的情感。我們沒辦法說一個人感覺到的「更高的力量」和另外一個人感覺到的「更高的力量」是否是相同的。因此，嘗試比較這個或那個教義與卡巴拉的區別是毫無意義的。

卡巴拉是一種技術，它提供準確、數學式的、可測量的、精確的工具。當我紀錄有關一種狀態的資料時，另一個卡巴拉學家也可以用他或她自己的工具執行完全相同的行為，並經歷筆者得出的數據。卡巴拉智慧為衡量人類的情感提供了一種精確的測量方法。

卡巴拉著作描述了卡巴拉學家對那更高力量的印象。他們描述自己的情感，並留給我們公式──解釋在我們這個接受的願望上，我們需要做出一些什麼樣的內在的行為。透過這樣做，我們可以學會如何正確地做出接受和給予的行為，而這正是創造者要傳授給我們的。

一個卡巴拉學家可以非常準確地衡量能夠接受或者要排斥掉的快樂的大小。因此，卡巴拉給予我們確切的指示，以指導我們在每一個階段必須做出哪種類型的內在工作。因此，我們將會知道如何對應「光」來相應運用我們的願望。

01 ｜卡巴拉遭遇量子物理

第五節　卡巴拉和科學之間

（2005年4月傑佛瑞・沙提諾瓦博士和麥可・萊特曼博士在以色列的對話）

5.1　量子物理中自由的概念

萊特曼導師：科學對自由選擇這一主題現存的觀念是什麼？

沙提諾瓦博士：現代科學，做為一個整體——我現在只是暫時使用「做為一個整體」一詞，因為我很快會對它做出重大修正——現代科學做為一個整體，感知的僅僅是物質層面的現實。它把物質現實看做是一個整體、看做是一部複雜的機器。我將用玩具火車模型對這個概念加以說明。如果我們開動火車，它將沿著軌道前進，很少有人在其中來回走動。這個模型只是一種機器。

你一定會說在這個玩具火車模型中，它的所有組成部分都沒有選擇的自由。同樣，大部分現代科學家都會告訴你這個物理宇宙和這個玩具火車完全一樣，在宇宙中的每個部分的每個動作都完全是由宇宙中的前一個事件確定。他們甚至會堅持說除了玩具火車模型之外沒有其他的模型。現實只是由一個宇宙和裡面的「玩具火車」組成，它是沒有建造者、沒有設計並建造了這部玩具火車的工程師。

沿著這一觀點，有一個現代科學的分支被稱為「量子力學」。此

分支認為，我們剛才陳述的理論是不正確的，而且認為在這個物理宇宙中，實際上存在著完全自由的元素，其中的原子粒子並不遵從機械原理的機械行為，而是「選擇」如何行為。我特別用引號引起「選擇」這個單詞是因為我們的語言太蒼白有限，無法充分表達它。真正的問題是科學沒有對這些選擇的性質做出任何解釋，因此對我們來講，它們看起來是完全隨機的。

如果一個人正確地理解量子理論這一最先進的科學，這個人可以看到在人類中存在著真正的自由意志的可能性。但是，現代科學不能清楚地解釋如何以及在何處可以使用這種自由意志。

萊特曼導師：似乎在超越普通的和可以輕易到達的自然世界之外，粒子具有某種方式的「自由選擇」，但這會如何影響人類呢？這一切並不表示我們在日常生活中有自由選擇。也許，在某個地方，在物質的深層，存在著額外的力量或遵循某一規律的或然性，而這一規律我們沒辦法用普通的機械決定論給出合理的解釋。

沙提諾瓦博士：是的。這些都是微妙而複雜的認知。科學界那些最偉大的頭腦對此已爭論了八十多年。看來，不管它們的侷限，單個電子可以從幾個軌跡中「自由地」選擇路徑。但電子不能做到更多，它們不能寫書、結婚，或去發動戰爭。不過，在它們的侷限範圍內，它們看起來確實有一定程度的自由。

當我說「這些電子選擇」時，我正在使用相當鬆散的措辭，事實是：我們真的不知道是誰或是什麼在做出這個選擇。我們能夠確切知

01 ｜卡巴拉遭遇量子物理

道的是宇宙中物質的每一個粒子的行為表現出兩面性：一方面，其行為依照固定的規律，另一方面，其行為又表現為不規則，受到一種不屬於我們已知宇宙中的某種東西的影響。

因此，一個人可能會說，例如，我們的宇宙的創造也是兩重的。一方面，是先前的物理過程的結果，另一方面，是由一種更高的力量創造的。但科學不能證實這一點。它可以證明的就是我們的物理行為不僅僅是由它們之前的物理行為決定的。相反，我們明白「某種東西」會影響物質，但科學不能告訴我們那個某種東西到底是什麼，而且，也不知道如何去研究、確認或反駁它。

有人可能會爭辯說，好像電子有自己的偽腦（pseudo-brains）來做出那些決定，但我並不支持這一理論。在這一點上，你可以自由地相信你的選擇。

當一個量子物件與另一個量子物件連接時，它開始了決策的過程，這是由它們之間的連接引發的。這一過程的進行可以伴隨一個觀看粒子的觀察者，但那個觀察者並不是必須的。

真正的奧秘不在於外部是否有觀察者，而是存在這樣一個事實，似乎確有一定維度的自由被傳遞到了物質內部。這個維度的自由就是我們所說的「某種東西」，它超出了這個物理宇宙的範圍，但沒有告訴我們任何有關那個「東西」的本質。

萊特曼導師：我不明白為什麼我們迄今為止還沒有遭遇到這個奧秘。當我們研究人的身體與人的心理時，我們沒有發現任何潛在的力

量導致了這些無法解釋的行為。很奇怪我們不得不將原子不斷拆分到一個最微小的粒子，最終發現裡面除了一個微小能源的能量爆裂之外什麼都沒有，而我們最終發現我們無法知道它們在一瞬間將如何運動，甚至我們都不知道我們面對的到底是波，還是粒子。

難道我們不覺得我們應該在屬於人類的意識範疇的一個更高的層次上，先找到這些隱藏的力量會更有意義嗎？為什麼偏偏是那些研究無生命原子的物理學家成為突然發現到在這些粒子間存在著一個隱藏的生命的人呢？

沙提諾瓦博士：我認為，這是20世紀最偉大的諷刺之一。牛頓物理學發現一個沒有生命的宇宙，認為物質是沒有生命的，僅僅把它看做是一部做為物理、化學和生物學的研究產物而演變發展著的機器。最終，物理學家同樣得出了人類只不過是機器這樣一種認知。

在一個日常的程度上，我們在直覺上和情感上經驗我們自己為自由的創造物，我們做出自己的選擇。此外，心理學家依賴的前提是他們的病人可以自由的選擇。如果我將我的患者看做是一部機器的話，我會放棄我做為一個心理學家這個職業。

儘管如此，從17世紀到20世紀初，所有科學都依賴的一個合理和嚴格的前提就是所有的東西都是機器。

的確大多數人在他們的日常生活中並不覺得自己像機器一樣，因此，科學世界觀與人們實際的生活方式不一致的問題並不會影響人們的日常生活。現代醫學、現代精神病學和研究人類的心靈與神經系統

的所有教義都沒有給人有自由意志這一假設留有餘地。

萊特曼導師：你所說的意味著物理學家，也不太願意應對一個非機械的系統。然而，實驗的發現迫使我們承認存在著另外一個力量，這否定了我們所預期的機械決定論的結果。

沙提諾瓦博士：這正是現在發生的事情。只有在亞原子級對量子力學進行嚴格的實驗時，它才非常顯而易見。這一結果使科學家們目瞪口呆。例如，愛因斯坦一直支持世界是一個沒有生命的機器這一觀點。他認為這個量子力學是不可能的，甚至將它定義為「瘋狂的」。這個在任何物質中有可能存在著自由的可能性，使他做出了他著名的斷言：「上帝對宇宙不擲骰子」。

雖然愛因斯坦用「上帝」一詞，但他使用這個詞語時是帶有嘲諷性質的。他的意思是在這一級別的物質，不可能有如同實驗所驗證的任何自由。他意識到如果在物質的這一層面存在自由，那將意味著科學的結束。這就是為什麼他說科學不能構建在這種假定之上的原因。

萊特曼導師：為什麼這將會意味著科學的終結呢？科學研究不總是驅使我們進步，並改變我們的看法嗎？為什麼這麼多科學家說我們正在接近科學的終結呢？

沙提諾瓦博士：第一，當愛因斯坦認為這是科學的終結時，他錯了。當他認為量子力學是錯誤的時候他也錯了。量子力學的研究顯示科學知識有其侷限性。量子理論的科學家到達了研究的邊界，然後離開了它。

我相信就您的專業知識而言,最重要的事實是,量子理論使我們很清楚地知道,科學的能力是有限的,並同時指出在邊界的另一邊存在有「某種別的東西」。我已經注意到很多人錯失了那一點,在量子理論和卡巴拉之間混淆不清。量子理論明確指出,科學可以到達那個界限,並證明它的存在,但量子理論同樣指出,科學無法解釋邊界另一邊到底有什麼。這不是科學所能發現的,在這一點上,科學承認其本身的侷限性。

萊特曼導師:我們對現實的認知源自我們對現實的研究。它是根據我們的感官和我們的感知在我們的內部被創建出來的。如果我們是被用頭腦和智力技術創建成的,這些頭腦和智力技術如果讓我們對所看到的採取另一種分析的話,那麼很有可能我們能穿越那個邊界。換言之,雖然這可能是我們目前的品格本身造成的限制,或許這種限制只存在於我們目前的狀態中。有沒有可能我們可以找到某種方法,改變我們的品格從而跨越那個邊界呢?

讓我用不同的方式表達:有沒有可能我們之所以不知道有關量子粒子的一切,是因為我們被囚禁在時間、空間和運動組成的框架中呢?如果我們能以某種方式從此邊界中解放出來,我們看到的整個過程會不會完全不同呢?如果我們改進我們的特性品格的話,未知是否有可能會變為已知呢?

沙提諾瓦博士:在這個談話中,我故意選擇將我自己對世界、精神、卡巴拉的個人觀點放在一邊。我不是以上任何一個領域的專家。在這裡我想扮演一個科學世界的使者,對於科學可以或不可以做什

01 卡巴拉遭遇量子物理

麼,我想保持一個中立的自我退隱的姿態。

很可能人類就是被投射出來的具有精神潛能的創造物,而精神潛能也許能夠使人類跨越那個邊界。做為人類中的一員,我當然渴望能這樣做,而且我認為所有的人都渴望能這樣做。也許卡巴拉所研究的正是可以使這成為可能的科學方法。

然而,嚴肅的科學需要我們時刻保持警覺,並認識到它的那些侷限。科學可以引導人類到達那個邊界線,但它卻不能帶領我們穿過它。換言之,一位科學家不能使用量子理論做為穿過那個邊界的方法,儘管是它本身發現和指出了那個邊界。

萊特曼導師:關於在我們周圍存在有無限的可能性的爭論,難道它不正是那個觀測的科學家們從那些無限的可能性中選擇出來的嗎?

沙提諾瓦博士:我們還不知道,量子理論顯示某些粒子選擇一個軌跡,而其他粒子選擇另一個軌跡,但我們不能說出這種選擇來自何處。這件事從科學的角度來看什麼也解釋不了,對科學來講它完全是個謎。

這裡的難點是認識到這個神秘,而不是在我們沒有答案時假裝我們知道。這種認識可以促使我們意識到有一個「超越」這個現實之外的存在。這一認知並沒有告訴我們它是什麼,但它能啟發我們開始去思考這件事。

5.2　家庭單元

沙提諾瓦博士：在 21 世紀的開始，卡巴拉認為男性與女性之間應該維持一種什麼樣的關係，卡巴拉對這種關係有什麼預測？

萊特曼導師：從卡巴拉的角度來看一男一女在一起很重要，他們應該在自我改正以及走向與更高力量和諧一致的道路上協同前進。透過這樣做，他們可以在物質和精神兩個層次上互相補足相互促進。女人及男人均需做出一定的改正。透過改正其個人及相互之間的關係，他們可以建立正確的相互關係，這樣的一種關係將類似於更高的力量。

對比 21 世紀正在發生的和歷史上已經發生的事件之間的差異，我們可以看到，今天的人類已陷入一場全面的危機。這一危機發生在我們生活的各個領域，包括個人和家庭的層面都是顯而易見的。

危機的原因是人類的利己主義，以及沉溺於快樂的願望已不斷地增強到了一個新的程度。今天，人類的利己主義已位於其最高峰，我們不再能控制它。結果是，我們正在失去我們曾經擁有的控制我們自己、控制我們的世界的能力。

我們不想再屬於彼此或從屬於一個家庭。利己主義開始變得狂暴不羈，人們變得不能忍受互相靠近。在總體上，家庭關係，特別是婚姻關係，是第一個因利己主義的爆發而遭到損害的關係，因為我們的配偶是最接近我們的人。

在過去，家庭是動盪的避難所——它是一個溫暖安全的小島。當

01 ｜卡巴拉遭遇量子物理

世界上有麻煩、衝突時，即使我們離家作戰，但我們仍然渴望重新回到家裡。當我們與周圍的鄰居關係不和時，我們可以選擇搬家，而我們的家庭單元始終被認為是一個安全的避難所。就算我們真的不希望組成一個家庭，我們還是維繫著家庭，以便照顧我們的孩子或老邁的父母。

然而，今天，利己主義已經膨脹到如此地步，以致於沒有任何東西可以控制它。我們不斷嘗試應對我們的利己主義，並且反覆遭到失敗。在某些地方，情況的確還沒有那麼嚴重。然而，隨著全球性利己主義的全面爆發，所有的情況都將很快變得更加糟糕。

對這個問題的唯一解決之道就是要開始改正我們的本性——改正我們的利己主義。如果我們對利己主義不進行任何改正的話，我們將全部墮入毒品濫用或自殺的境地，或遭遇全球恐怖主義的暴力。

我們當然不再想要養育小孩或撫養家庭，這種趨勢已經到處在顯現。即使沒有生態性的大災難發生，我們也會墮落到混亂與自我毀滅的境地。我們目前的狀況要求我們責問自己，我們到底在為什麼活著？是否存在走出我們的困境的道路？

這正是卡巴拉智慧要告訴我們的。不同時代的卡巴拉學家都描寫了到我們這一代的時候，卡巴拉將浮現出來幫助我們改正我們的本性。那樣我們就能利用卡巴拉把我們提升到一個永恆、完美的存在的新層次。

5.3　個人命運和人類共同的命運

沙提諾瓦博士：卡巴拉對個人命運和人類共同的命運的解釋是什麼？我明白人與人之間團結的重要性，但卡巴拉是否針對每個個人的發展給予指引而無論別人的命運如何呢？

萊特曼導師：卡巴拉智慧專門促進個人成長。透過卡巴拉對教育的主張，我們可以證明它；卡巴拉堅信正確的教育完全靠個人的榜樣來實現。強加於人的灌輸方式毫無意義。

正確的培育建立在構建一個正確的、有效的環境的基礎上，同時還必須提供好的個人榜樣。人們會按照他們看到的榜樣去行動，並根據他們個人發展的程度來學習榜樣。因為在世界上的每個人都是獨一無二的，所以我們必須根據他或她個人的能力而分別對待。

我們所有人都是同一個共同靈魂的碎片，我們每個人都擁有那個整體中獨特唯一的部分。我們共同的靈魂中即使缺少一個碎片，它的結構都將會不完整，並且我們也將無法實現創造的目標。因此，我們必須珍惜每個人以及他的獨特的個體部分。我們必須讓每個人都以適合他們蓬勃成長的方式發展。

卡巴拉將一個恰當的社會生活和個人的、個體的進化發展區分開來。要維持社會，每個人當然必須要遵守這個社會已經設置的規則。但就個人成長而言，則必須完全尊重每一個體的獨特性。卡巴拉很詳細地解釋了在個人成長和遵守社會規則之間應該如何互相交融，達到平衡，並指明了如何建設一個正確的社會，可以使其所有成員都以其

01 ｜卡巴拉遭遇量子物理

獨特的方式發展。

卡巴拉堅決反對西方國家對第三世界國家施加任何形式的文化或教育的強制。這樣做對雙方都有害。強制會毀壞這些民族的獨特性，因為它不允許他們按照自己的步伐，並根據他們自己的規則和文化進化發展。這種情況正在人類社會中製造著一個真正的畸形，並正在產生悲慘性的結果。

5.4　正義者（Tzadik）

沙提諾瓦博士：正義者（Tzadik）的性質是什麼以及他的角色是什麼？

萊特曼導師：正義者（Tzadik）是指這樣一種人，他或她在任何情況下，都證實著更高的力量的行為。正義者（Tzadik）證實著創造中的所有事情，因為他或她已經開始感知到整個的創造，不僅僅是我們的五官探知到的那一部分。正義者可以看到超越我們的五種感官的邊界，並控制該領域的規則，這些規則影響我們的世界，創造出我們這個世界內的一切，控制著每一事件的開展，並最終引領我們達到創造者渴望實現的目標。

因此，一個正義者（Tzadik）很顯然就是一個卡巴拉學家，他發現更高的世界，一個由力量構成的世界，有關我們這個世界的規劃在那個層次上被制訂，並從那裡降落下來操控這個世界。

正義者（Tzadik）的品格對應著一個人已經到達的Tzadik的層次。

卡巴拉解釋說，我們在現實中所有能感知到的都遵守「形式等同」的原則，也就是「一致性原理」。

我們五種感官的每個感官都只能感知到現實的一個特定範圍。例如，我們的聽覺系統使我們能夠聽到某一範圍的頻率，而我們的眼睛可以看到一個很有限的顏色範圍。如果我們有額外的感官，我們就能夠以不同的方式感知現實，也許可以感知到其他的維度。

實際上，我們甚至無法想像，如果我們有其他感官，我們會如何感知現實。結果表明，正是我們的五種感官與它們所能感知的特定範圍限制了我們對現實的感知。我們不能超越此侷限。

然而，卻存在一個方法，它允許我們去感知超越這個現實圖像之外的世界，包括控制我們現實的我們稱之為「更高的世界」的那些力量。我們能夠感知到那些力量的方法同樣建立在適用於我們目前對現實的感知的同樣的原理，即「形式等同」的原理基礎上。換言之，我們必須使我們自己與這些力量相匹配。

我們的任務是培養出更高世界的領域所具有的那些品格，那些領域管理著我們的世界。但是，在我們到達那些領域之前，我們卻無法知道這些品格。因此，在這裡，我們將藉助那些已經達到「那裡」的卡巴拉學家的幫助，由他們來教會我們如何獲得這些品格。

他們解釋一個人如何透過特別的行為，可以開發出一個額外的、內部的感官，一個「靈魂」。使用這個感官，我們感知到以前被隱藏著的一個額外的現實。因此，卡巴拉又被稱做是「隱藏的智慧」。

 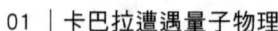

對隱藏的現實的感知使我們可以瞭解控制我們的程式，認識到它正帶領我們走向哪個目標，以及它如何執行這些程式的方式。卡巴拉學家就處在那個現實中，並且是其中不可分割的一部分，他是維護並證明現實的正確性的一部分。處於那種狀態的人被稱為是一個正義者（Tzadik），而這就是正義者（Tzadik）的特性。

對創造者行為的證實包括 125 個層級。對創造者的行為的完全認同發生在最後那個級別。每個人必須達到那個最終的級別。不斷使我們在這個世界重複著生命和死亡的「循環」的那個過程，實際上就是為了使我們能夠最終提升到這個更高的正義者的層次，就是變成完全證實創造者的一個正義者。

5.5　人類的痛苦

沙提諾瓦博士：我認為人們覺得最難以解釋並理解的是人類痛苦這一主題。一方面，痛苦激發人們去尋找精神世界；另一方面，人們又很難去接受痛苦。卡巴拉如何解釋痛苦呢？

萊特曼導師：這的確是給每一個人帶來煩惱的一個問題。一方面，我們在講一個仁慈的更高力量，但如果它是「更高的」，就意味著它比我們更好。但為什麼我們的世界卻充滿了痛苦和折磨。痛苦和折磨是否也來自這個力量？那裡難道不只存在一個力量嗎？如果還有其他的力量，它們是否在彼此交戰嗎？

沙提諾瓦博士：我指的痛苦，不只是哲學意義上痛苦的本質問題，

也包含痛苦的實際方面。

萊特曼導師：現實由我們享樂的願望組成，而且正是快樂構成了這個願望去運行的動機。快樂和接受快樂的願望，是現實中所有層次上僅有的兩個組成部分。在卡巴拉術語中，我們把它們稱為「光和感知容器（Kli）」。

當快樂缺失時，它產生出一種渴望快樂的感覺。但有時這個快樂的缺失感過於強烈就會形成痛苦的感覺。因為一切事物都由一個特定程度和品格的接受快樂的願望所組成，所以，當快樂不存在時，一切事物都同時遭受痛苦，包括在礦物、植物、動物和人類等各個層面。

事實上，痛苦是推動一個創造物從其目前的狀態移動到下一個狀態的必要的感覺。沒有痛苦，就不會有運動。事實上，運動意味著我目前的狀態是不理想的，所以，我決定移動，並相信我在另一個狀態可以變得更好。痛苦使我們付出必要的努力以移向一個似乎更好的狀態。因此，沒有痛苦，進步是不可能的。

更高的力量，除了透過用痛苦促進我們達到更好的狀態之外，沒有其他方法。如果它把我們創造成一個沉溺於快樂的願望的利己主義者的話，那麼，唯一能夠將我們從一個狀態移動到另一個狀態的方法就是透過一種痛苦的感覺。

但是，我們仍然需要解釋為什麼如今我們遭受的痛苦比以前多了很多。這是因為創造的目的是為了使人類在現實中到達最高的層次。

到達這一目標的唯一方法是用一個巨大的驅動力來推動它，或換

01 | 卡巴拉遭遇量子物理

一種方式表達——即透過最大的痛苦來推動它。這不一定涉及肉體上的痛苦。今天,我們似乎擁有一切,但我們始終覺得一直缺少一些什麼,感到越來越空虛,而這種空虛的感覺正是最大程度的痛苦。

為了推動我們前進,使我們突破這個世界的邊界,並開始探求更高的東西,我們必須遭受痛苦。我們必須在最深的層面感覺到痛苦,以使我們能夠去要求與此痛苦相對立的最高的狀態。那個對立於這個世界的存在的崇高狀態就是我們所說的精神世界。因此,我們所指的痛苦,也必須是精神的,而不是物質的。

在精神的痛苦中,一個人所遭受的痛苦不是由於世俗滿足的缺乏造成的。儘管世俗的滿足依然存在,但它們已不再提供一種生存著的感覺,甚至不提供一種正在活著的感覺。那些為缺乏一種「活著的感覺」而懊惱的人,將擁有要求超越這個人生的某種東西的力量。

因此,我們在不久的將來不會看到一個幸福滿足的人類。恰恰相反,痛苦會加劇,並將更多地呈現出更加精神的形式。對精神滿足的缺乏感會超過任何物質的豐裕帶來的滿足感。我們將不會感到快樂,也不會有什麼令我們滿意。抑鬱症將蔓延遍佈世界各地,這種痛苦的感覺不會允許我們安謐地生存在我們的世界中。

這種窘迫的結果將會加劇各種衝突、恐怖活動,導致各種不同的心理和精神問題的爆發。這些情況特別會發生在物質財富極大豐富的背景下,表明在這個世界中,我們真正缺乏的不是物質的生存必需品,而是缺乏生命活力的感覺。這正是卡巴拉解釋的擺在我們面前的

下一步發展的進程。

　　面對這項挑戰的方法是利用卡巴拉去瞭解痛苦的來源。這將使痛苦感緩和，因為我們會看到原來痛苦有它存在的理由。這將使我們能夠在我們陷入真正的苦難之前，就開始我們的改正。這就是為什麼我們這麼努力地工作，就是為了預防苦難的發生，而不是等苦難來了之後的救治，預防意味著讓人類在深陷苦難之前就覺醒，並認識卡巴拉智慧，從而藉助卡巴拉避免大的災難和毀滅。

　　如果我們能對卡巴拉在總體上對死亡的看法有一個瞭解的話，或許理解卡巴拉概念和痛苦的目的會變得更容易一些。下面是卡巴拉如何描述死亡的：我們都是組成同一個共同的精神感知容器（Kli）——即 Adam ha Rishon（亞當，第一個人）的所有的個體部分。亞當的靈魂分裂成數以 10 億計的靈魂，並降落到這個世界。這個世界有無數的身體，每個身體都有屬於自己那部分的靈魂。創造的目標就是使每個人都重新返回到在亞當這個共同靈魂中的同樣的根源，因為每個人都是從那個共同根源中降落下來的。

　　當我們第一次來到這個世界時，我們的靈魂都只不過是一個「點」。如果生存在這個世界上時，我們不從這個點開始構建一個精神感知容器（Kli）的話，如果我們的靈魂就那樣返回到自己的根源亞當的話，就像種子沒有發芽，仍然是沒有意識和沒有生命的一個點。

　　用不同的方式表達就是說，在我們身體死亡之後，我們的靈魂還

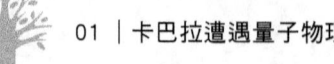

01 ｜卡巴拉遭遇量子物理

是感覺不到自己的存在，直到我們的靈魂再次回到這個世界上，又穿在另一個新的肉身之中。

但是，如果我們透過利他主義的意圖將這個點培育成為一個精神感知容器（Kli），那個感知容器（Kli）將在我們的肉身死亡之後繼續保留下來，因為我們在還生存於這個世界的時候，就已經開始感覺到更高的力量。這樣，即使我們的肉身消失，這種與更高的力量之間的連接將會繼續保留，因為它不屬於我們生物學意義上的身體的一部分。

這個精神的感知容器（Kli）可感知到存在於我們外部的東西，而不受我們天然感官的感知侷限的限制。一旦我們存在於我們自己的外部，物質身體的生與死就不會影響到靈魂將如何去感知。因此，我們不會像在這個世界上如此強烈地感覺到生與死，因為精神的感覺是保持完整不變的。更準確地說，最終我們必須超越這種生物學意義上身體的生與死之間的生死輪迴，到達一種完全不會受到它的影響的程度。

第六節　量子理論

（以下是 2005 年 4 月 Jeffrey Satinover 博士在以色列卡巴拉國際會議上的演講）

此演講將著重討論一個被認為是「尖端科學」的領域，但是，它與卡巴拉相比，其實又很原始。想像一下，一個不知道堅果是什麼樣子的人，突然發現一個堅果殼。他花了很長的時間對它進行研究，先假定它是一個完全沒有生命的東西。最後，經過長期的多年艱辛的研究，他檢驗了堅果殼內部的複雜結構，並得出結論，這一定是蘊涵著一個生命體的堅果殼，在其中有可能包含一個生機勃勃的、不斷演變發展的有機體，而這個生命並不是這個殼本身。

就像這個人一樣，現代科學已成功地研究物質世界幾百年，一直都假設這個世界就是整個的現實，而且前提是物質世界是一個沒有生命的實體，除了它之外，沒有別的任何東西。科學最近認為，如果我們精心測試純粹的物質世界，我們將能夠找到細微的證據證實：物質世界只不過是一個在其中涵蓋著一個生命實體的外殼而已。

讓我嘗試來解釋為什麼確切地說現代量子理論在某種意義上是一種「邊界科學」。在學術界，圍繞量子理論有著一個廣泛的討論，因此我只會表達我認為是正確的想法。我同樣建議你們對這個主題親自

01 ｜卡巴拉遭遇量子物理

進行研究，瞭解其他研究人員的發現，然後得出你們自己的結論。

我想強調的是量子力學與現代科學不談論任何有關卡巴拉或精神世界的事情。但是，他們確實承認物質世界不是世界的盡頭。他們已經證明超越物質世界之外確有某種東西存在，但他們對其本質卻什麼也說不出來。我認為準確闡明這一點極其重要。

我們所有的知識，結合強大的量子理論及其對物質世界的推論，使我們推斷出兩件事：

（1）在物質世界之外一定存在某種東西；

（2）我們完全不知道那個「某種東西」的任何事情，也沒有辦法透過科學來研究它。

我們通常要求科學擔當研究精神領域的一個工具。但最優秀的科學家已經意識到這是不可能的。科學可以做為一種理性的工具帶領我們發現到有某種其他東西存在。用卡巴拉術語表達，它可以是引導我們知道那個心裏之點的工具。量子力學中最深奧的數學可以是一種使我們能夠認知到那個心裏之點的存在的工具。但科學卻無法超越其自身的侷限到達那一點。

* * * * *

讓我給你們對量子理論做一簡明扼要的介紹。我不會使用複雜的數學，我只會引用可能以前你們聽說過的術語。如果這些術語在以前並沒有使你感覺到有什麼意義，那我祝賀你，因為它們本來就不應該有意義。

古代的卡巴拉學家說，對現實的本質的瞭解是不可能依靠想像實現的。現代量子力學也得出一個非常相似的結論。想使用任何術語或圖像正確地去理解物質現實的本質是不可能的。例如，你們許多人一定知道那個著名的論斷，就是當你們正確理解物質時，你們瞭解到它是波的同時又是粒子。這是一種很流行的說法，也許你們正在想像一些關於它的事情，或正在建立一些心理方程式。

然而，事實上，這只不過是一串完全沒有意義的符號。沒有辦法讓它們聽起來合乎邏輯。

我以前說過量子理論使我們瞭解當代科學的界限，而且它宣稱在物質世界本身之外存在著「某種東西」。若要對此解釋，我稍後將描述一種驚人的現象，其研究現在還在不斷發展，它被稱為「量子計算」。

此外，我將參考早在 20 世紀 60 年代由理查·費耶曼所做的一個有趣的實驗，它首次概念性地描述了這一現象，理查·費耶曼（1918～1988）是二十世紀最偉大的物理學家之一，也是一位諾貝爾物理學獎項的得主。即使到今天，這個實驗仍是對圍繞量子力學的神秘的最簡潔的說明。在這之後，這項實驗被用不同類型的粒子替代進行了實施。我將會對這門科學為什麼顯示出科學的邊界，以及它為什麼直接地表明超越物質世界的「某種東西」的存在做出我的解釋。

幾代以來，我們對科學的基本觀點都與愛因斯坦的觀點一致。愛因斯坦的觀念仍在許多科學家之間盛行，它主張除了物質世界之外沒

01 ｜卡巴拉遭遇量子物理

有任何東西。因為大腦完全由物理粒子構成，任何特定的事件，也就是一個粒子與另一個粒子之間的相互作用，都可以完全用粒子的位置以及它們在前一時刻的運動來定義。相同的觀點適用於物質世界的每一個事件，包括在我們的身體、頭腦，我們的思想以及我們的互相聯繫等各個層面發生的事件。

換而言之，整個物理宇宙只不過是一個沒有生命的機械裝置，正沿著一個必然的軌跡展開。任何認為我們是屬於我們自己的感覺，將我們自己感覺為有意識的感覺，感覺為人類的感覺，感覺在透過我們自己的意圖的感覺，我們在這裡所做的一切以及我們人類生活的其餘部分，都只不過是一種幻覺。這裡沒有愛，沒有恨，沒有激情，也沒有不滿意。我們只是一堆隨著時間的推移而展開的構造複雜、沒有生命的粒子而已。

我們在醫學中的所有進展完全是建立在這一觀點的基礎上，而且，多虧了這個觀點使它獲得了成功。我們很多人也把我們的生命歸功於它。這是個看來是很有說服力的觀點，很難輕易被放棄。

然而，這項原則不僅殘酷地攻擊我們對自己的感知，而且也剝奪了我們探究生命的意義和目的的需要。無論如何，不管這可能多麼使人惱怒，世界的絕大部分都以這種機械的方式運作著。

許多當代哲學家認識到雖然這個觀點給我們帶來了極大的好處，但由它而產生的生命是毫無意義的信念卻為人類造成了一個又一個令人震驚的破壞和打擊。

例如，納粹在許多領域毫不猶豫地應用這個觀點，以致於他們同時成為非常有效率的殺手和科學家。通常，現代醫學對人的態度是冰冷與殘忍的，也主要源於生命沒有任何意義的觀點導致的效率。

電腦科學是在這種機械的世界觀的基礎上，透過極端的數學式蒸餾和機械式交互關係的邏輯分解的結果。現代電腦科學的科學基礎來自於一個物理實體可以同時存在於幾個不同狀態的概念。電腦是由基於「位元(bit)」的部件構成的，並且包含大量的這些組件。一個「位元(bit)」是一個可以存在於兩種狀態之一的物理實體。

現代量子力學允許一種具有深遠影響的現象存在。它主張物理實體可以同時存在於兩種狀態中。你只要暫時相信我一會兒，這樣的事確實存在。這意味著，如果一個標準的電腦可以在 N 個狀態中存在，那麼量子電腦在同一時間上可以存在於 2 的 n 次方個狀態之中。

在耶魯大學實驗室，我們已經建造了一個包含有四百個此類組件的設備。這看起來好像是一個相對較小的數位，但這種裝置可產生 2 的 400 次方位元(bit)的記憶體。這是一個如此巨大的數字，我們甚至無法想像它。因此，我們正在談論的是建設這種具有超級能力、簡直能夠產生魔法的電腦。

那麼一個物體可能同時存在於兩種不同的狀態中的這種假設是如何出現的呢？在這裡，我們應該提及 50 年前由理查·費耶曼進行的那個實驗。假定有一個盛滿水的水箱，裡面有一個裝置在上下移動。這個上下移動的動作從兩個不同的源頭產生出波浪，並使兩個波浪在

傳播路徑上產生交叉。最終,波浪的交叉將創建一個被稱為「干涉紋」的圖案模式(圖8)。這種模式是交叉的兩個波浪的路徑的集合。它是一個非常著名的現象,而且我們可以很容易地計算出這些交叉點的位置。

現在讓我們想像一個類似的實驗,但這次是粒子而不是波紋。想像一支粒子槍射出像子彈一樣的離散粒子到一個螢幕上。如果我們在這把粒子槍與螢幕之間放置一塊中間帶有一個微小縫隙的分隔屏,然後向螢幕發射粒子,那麼,僅僅呈一細長條的粒子束會穿過縫隙到達螢幕。結果是,這些粒子始終在那些可預測的特定的位置點上出現(圖9)。

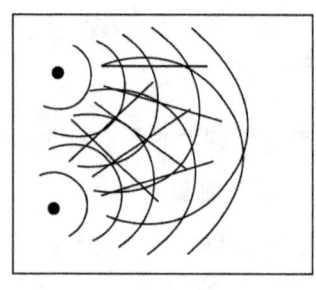

【圖8 波的干涉紋】

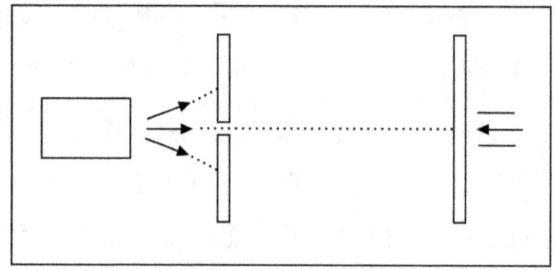

【圖9 單縫隙粒子實驗】

如果我們對實驗做點小小改變,在中間的分隔屏上開出兩條縫隙而不是一條,我們會預料粒子會到達螢幕上的兩個明顯的不同位置點,正如只有一個縫隙時粒子穿過它後到達螢幕上一個明顯的位置點一樣。然而,如果我們的實驗過程正確,也就是在粒子大小和縫隙的大小之間比例合適的話,實驗結果將大不相同。我們會發現這些粒子

會沿著整個螢幕出現,而不是只出現在預期的兩個位置點上。

結果是,粒子在整個螢幕上以及同時在兩個方向上的無法預定的位置上有規律的出現。每個位置點的粒子的數量會有所不同,離中央位置越近,粒子出現的密度越高,離中心越遠密度逐漸降低。顯示在每個位置點的粒子的數量比例會形成一個波的模式(圖10)。這樣一來,可以說量子粒子既是波,同時又是粒子。

這帶來了一個問題:「波是什麼?」為了簡述這如何操作,我會首先以一個不太精確的方式解釋一下,隨後更正該不精確性。

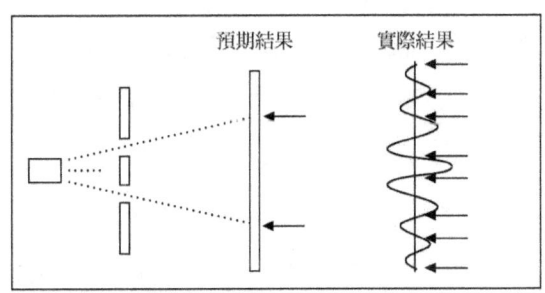

【圖10 雙縫隙粒子實驗】

一個波是沿著螢幕,在某一特定點上,找到一個粒子的概率的分區。實際上,該粒子槍發射出一個「移動的概率波」,也就是某一個特定粒子會在某一特定位置出現的可能性(概率)。

現在讓我糾正自己,當我們測量出現在螢幕上的每個點的粒子數量的數字時,我們得到一個不完全與「移動的概率波」一致的數學結果。相反,它是概率的平方根。

事實上,一些平方根是負數。在現實世界中,事情會發生的概率可以在0和1之間的任意位置,但它不可能為負數。換言之,這個在空間擴展的「東西」並不存在於物質世界中,但它卻仍然產生了一

01 卡巴拉遭遇量子物理

個影響。

即使我們每週只發射一個粒子,概率分佈圖樣仍然和我們上面提到的兩個波浪的干涉圖案一樣。實際上,即使我們發射一個單顆粒子,然後拆除設備,在一年後把它放回,再發射另一個顆粒子,我們還是得到完全相同的結果(圖11)。

這種概率圖樣的生成是絕對機械式地精確的。使人震驚的是它似乎超越時間和空間。這種現象的結構是在完美的機制中被預先安排好的,其數學精度是如此的完美,今天,這種現象正在協助我們建造令人驚嘆的精確計算設備。

如果我們只發射一顆粒子,我們也許完全能夠用準確的數學精度預測出該粒子打在螢幕上的一個特定點的概率。但是,量子力學認為,而且這也是我的主要觀點,在物理宇宙中,沒有任何東西可以精確地確定該粒子將命中哪裡。

也就是說,當你們在觀看數以百萬計的粒子時,這些物質是被絕對的數學確定性決定好的。但是,每一個特定粒子降落的特定位置卻無法用物理宇宙中的任何東西來定義。

結果是,一些最偉大的物理學家推斷出:

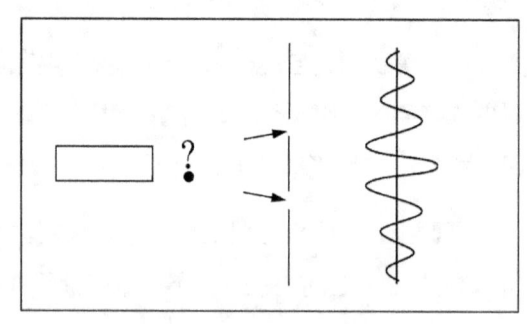

【圖11 雙縫隙粒子實驗】

在我們的宇宙中有一個決定性的因素，它正如我們想的那樣，對宇宙精確地操控著。但是，也存在一個未知的作用因數，被微妙地編織在這個宇宙的機理中，它並不干擾宇宙的這種機械式展開。這就是為什麼對一個沒有足夠敏銳度去觀察事物的人來說，一切看上去好像都是機械的。

然而，如果我們非常仔細謹慎地觀察，我們就會發現，在宇宙中，任何特定事物的展開，都受到一個不屬於這個宇宙的某種東西的影響。此外，由於這個理論本身需要一個本質上超越宇宙的元素，這給我們留下了一個邊界。

這就是為什麼一些物理學家宣稱量子物理學是一門邊界科學的原因，它是一門在研究物質宇宙的同時指出人類能夠到達的邊界的科學。換言之，這些物理學家斷言超出該科學邊界之外存在著某種東西，但這些東西卻永遠無法被科學識別。

01 | 卡巴拉遭遇量子物理

第七節 量子理論的可靠性

任何理論都可能被證明是錯的。量子理論也一樣，它只是一個理論，也可能被證明是錯的。此外，即使是在今天，仍然有科學家認為它是錯誤的，並正在尋找替代理論。

在科學世界，一種理論興起取代另一種理論是很平常的事情。然而，在這裡需要做出一個微妙的甄別。讓我透過比較牛頓的理論與愛因斯坦的相對論來對此加以解釋。首先，讓我們假設有一根在空間中移動的棍子，根據愛因斯坦的理論，如果我們能使棍子移動得足夠快的話，它將開始收縮。但根據牛頓理論，無論速度如何，這根棍子都將保持原樣。因此，我們有兩個相互對抗的理論。

有些人會說，牛頓的理論是完全錯誤的，而愛因斯坦的理論是正確的。確實，如果我們只從表面上看這個問題，這是一個正確的陳述。但是，事實的真相是這個陳述本身是錯誤的。

在這兩種理論之間做出判斷的準確方法應該是這樣的，即牛頓的理論是愛因斯坦理論的一種邊界情況。這意味著，在最熟悉的通常情況下，那根棍子幾乎不可能移動那麼快，以致於我們根本看不到它在縮小。因此，在大多數的情況下，牛頓的解釋是正確的。

但愛因斯坦的理論在更廣泛的意義上是正確的。不僅對於通常熟悉的速度它是正確的，如果我們真能加速到如此快的速度，它也是正

確的，我們確實可以看到棍子的收縮。

如果科學發現一個新的理論指出，今天透過量子力學所描繪的現實是一種邊界情況，那麼我們已經說過的有關量子理論的所有事情仍然是正確的。如果你說它不對，那麼你必須證明它是完全地並從本質上就是錯誤的。這種可能性在理論上始終存在，但量子力學到如今已經被證實其本身在科學史上是最成功的科學理論，到目前為止，它比任何一種其他的理論都通過了更為嚴苛的檢驗。因此，從根本上否定它是極其不可能的。

* * * * * *

做為它的起源，科學是根據一種宗教的世界觀發展出來的，這種世界觀，將這個世界看成是一個有生命的實體，是由不同的諸如幽靈和魔鬼的精神力量操縱的。之後到來的現代機械論科學判定以前的理論是一個完全的謬誤，並發展到透過利用物理和化學的機械論原則可以更好地瞭解這個世界。

機械科學觀認定沒有幽靈和魔鬼存在於物質當中，並操縱物質。相反，它主張物質是由因果決定的。化學反應並不遵從煉金術的幻想而發生，而是透過可定量化的化學反應產生，這些反應可以透過數學公式機械式地被控制。

這種機械論的觀點使我們在瞭解物質及其運行規律方面取得了巨大的進步。它也導致產生了眾多的技術創新，並且已使我們受益多年。正如我們前面所說的，現代醫學就是完全建立在這種機械世界觀

01 ｜卡巴拉遭遇量子物理

的基礎上的。

直到 20 世紀 30 年代，主流的觀念認為，生物學不同於所有其他的學科。人們相信，即使一個生物體是由化學物質組成的，但無論如何，它還是受一個不單純是物質的生命實體操縱運行著。

但是，當代生物學的發展演化卻是發生在決定放棄那個生命實體的想法之後才蓬勃發展起來的。這個新觀念盛行後，那些堅持支持舊概念的教授都被大學驅逐出去。因此，現代基因工程、分子生物學和藥理學等，都是透過把有生命的生物系統全部降格為純粹的複雜機器的這種無生命的機械世界觀而取得進展的。

關於物理學與其他科學的關係有一個非常有趣的觀點：所有的科學——包括化學、生物學、動物學、人類學、社會學和其他每門科學——都根據科學之冠——物理學的機械世界觀建立了它們的模型。實際上，這個過程今天仍在繼續。

在世界各地的許多大學，各種不同的科學還沒有使它們的模型適應於十九世紀的物理模型。問題是現代物理學已經放棄了這些模型。然而甚至是研究最微觀物件的分子生物學，也還沒有轉向量子革命已經鋪就的道路上來發展。

大約一年前，我在法國圖盧茲大學生物系講了一堂課。連系主任都還沒有意識到這樣的一個事實，也就是說，為了瞭解蛋白質的進化過程，需要將量子效應的因素考慮進來，而這就是為什麼現在對蛋白質的進化不能從經典力學的角度被理解的原因。這僅僅是一個例子，

表明即使生物化學這樣的「基礎」科學都還沒有把量子力學的內涵內在地運用到其研究中。

即使在自己的大本營物理中，絕大多數的物理學家到目前為止，也還沒有徹底掌握這一發現的內涵，也就是說：物理宇宙中各種事件的展開，並不完全由物理宇宙中的先前事件所決定。這一概念還繼續在世界各地盛行的科學世界觀中產生著震撼作用。

我們正處在一個進展緩慢的概念革命的過程中。越來越多的物理學家、生物物理學家和生物分子學家，正在開始瞭解量子力學的影響。不過，只有極少數科學家已經認識到量子效應在生物有機體的進化過程中的作用。當這些科學家開始面對這個概念性的變革時，有些科學家抓住了這個影響深遠的內涵，也就是機械的世界觀已經過時，某些東西已經來替換它。

致於我個人的觀點，我想說，當我還是一個年輕人時，我就覺得在物質世界的奧秘中隱藏著一個更深層的奧秘。即使在我知道量子物理是研究什麼的科學之前，我認為如果研究進入到足夠的深度的話，會將我引向精神世界。此外，我總是本能地被卡巴拉吸引。不管什麼時候，每當我不經意間碰到它純粹的形式，我都感覺得到它向我們呈現了一個內在的、固有的真相。

02 Section

卡巴拉智慧的本質

02 卡巴拉智慧的本質

第一節　努力趨向平衡

當我們還是孩子時，我們很多人相信這個世界充滿了各種各樣的力量，比如童話故事中的鬼怪精靈。隨著我們長大，我們逐漸放棄了這樣的信念，但現在我們又再一次覺得這些力量好像真的存在。

實際上這是因為我們每一刻都在尋找事物的真相。我們想要知道我們生活的世界，因為如果我們一天不弄清楚，我們將永遠無法從不確定的感覺中解放出來，以便能夠平和並自信地生活在這個世界上。我們都對我們生活的這個世界感到好奇並想瞭解它以改善我們的生存狀態。這種好奇心喚起我們的一些問題比如：「我是誰？」、「我在哪裡？」、「我將變為什麼？」等等。這類問題激勵我們努力去探索我們所生活的現實。

現實被分為兩個部分：人類以及他或她周圍的環境。一些人聲稱，我們只應研究自己而且只需要改變我們自己，並斷言，透過這樣做，我們將獲得內心的寧靜，並會更加積極地面對世界。但是，另外一些人則說，我們應該保持我們應有的狀態，充分利用這個世界帶到我們面前的東西，並改變這個世界以滿足我們的需要。不論哪種方式，看起來都沒有令我們的生活運轉得很好。

使我們能夠與世界和平相處的最佳狀態是與它處於平衡的狀態。如果每個人都理解我，並且想要的也完全是我想要的，那將是一種平

衡的狀態。沒有什麼狀態能比與世界保持平衡的感覺更完美的了。這只能用一個在母親子宮中的胎兒來比較：對胎兒來說，存在的一切都只是為了關心它，沒有設立任何防禦的需要。

科學將那種狀態稱為「自我穩定平衡」（homeostasis）。在希臘語中，homo是相同或相似的意思，而stasis在希臘語中是狀態的意思。這是現實中的每個物體都在努力去到達的一種狀態。

生物、物理、化學的定律已經解釋了任何事物運動的唯一原因，不論它是靜止層面的、植物層面的、動物層面的、還是我們人類說話層面的，都是為了實現和其周圍環境之間處於平衡的渴望。做為人類，對我們而言，要想與我們的環境保持平衡，我們必須瞭解我們周圍世界的本質，以及我們如何才可以與它等同而獲得均衡。

只有那時，我們才會知道怎樣到達這樣一種狀態：每個人都想要我們想要的、思想著和我相同的思想，並對其他人不懷有任何怨恨。那樣，一切都將在平安和愛中展開。這正是卡巴拉存在的目的，它教導我們如何在全人類中、在人類與自然之間獲得平衡。

我們對世界和對我們自己的探索，都是由科學研究承載著。遺憾的是，科學技術的進步並沒有使我們快樂。儘管我們所有的努力都是為了到達一個寧靜、完美、幸福的狀態，但我們的現實卻變得越來越嚴峻，而且威脅也變得與日俱增。

但如果我們都是在為求得最好的狀態而努力，那為什麼還會存在種種問題呢？答案是這些問題之所以存在，是因為我們不知道那個總體的現實是什麼，它如何運轉，它的結構或者它如何作用於我們。我

02 卡巴拉智慧的本質

們不知道我們必須與什麼東西變得等同，獲得平衡。

看起來，儘管我們對物質的探索越來越深入，儘管我們越來越努力地去瞭解我們自己的本性和外面的世界的本質，然而我們卻還是看不懂自然到底想從我們這裡要什麼，它存在的原因是什麼，以及自然中的每個元素的目的又是什麼。

一些研究人員探索物質的外層，其他人則深入研究它的內部結構，並一直深入到研究分子水準和原子及亞原子粒子之間的關係。最先進的研究人員聲稱，在某些特定的水準，物質開始變得難以捉摸，並且從這一點開始，他們不知道會發生什麼。然而，他們未能瞭解亞原子背後的存在原因不是由於他們缺乏更複雜精密的研究工具，而是人類本身就缺乏完全認知現實的能力。

當我們完全依靠我們的五官時，我們覺得我們可以對現實任意地做我們想做的。不過，一旦我們進入精神世界，我們才明白，事實上正相反，是現實在對我們做它所想做的一切。在精神世界的某一層次或者更高處，我們開始明白，我們才是創造出我們自己的現實的人。換言之，我們認識到的現實只不過是對我們自己的自我的一種投射。

這正是當代研究者所描述的最後的層次。他們宣稱，在某些特定的邊界之外，我們沒有能力去感知。這個位於我們可感知到的物質世界與在邊界之外存在的精神世界的分界點正是科學和卡巴拉之間的交會點。

卡巴拉解釋說：存在著一種研究的模式，使得我們能夠穿透到那些「原因的層面」。透過運用這種模式，人們可以確切地瞭解這個世

界為什麼存在、它想要從我們這裡得到什麼，以及我們如何能夠獲得等同它的平衡，也就是處於一種我們體驗為和平與寧靜的平衡狀態。那些已經研究過該領域的人被稱為卡巴拉學家，他們的著作描述了他們研究的結果。

卡巴拉學家說，超越可見的物質之上，存在著的是自然的意志和精妙思維，它環繞著整個的現實。這個自然的意志和精妙思維設定了現實的疆界，監護著它，並操控著它，為了使它受益。此外，這些自然的意志和精妙思維也確立了現實運行的總體法則。換言之，這個現實的總體法則就是絕對的給予，而且，在現實中的所有事物都必須與這個法則獲得等同，與它實現平衡。

卡巴拉智慧幫助我們認知到自然對我們真實的態度，並感覺到這種態度。這樣一來，我們就能夠用同樣的態度對待自然，並由此與自然獲得等同，實現平衡。

那些揭示真正的現實的不同層次被稱為各個「世界」。正如科學家用顯微鏡深入研究材料的結構，或用望遠鏡探測外太空一樣，卡巴拉學家透過運用卡巴拉智慧來穿透並研究那個圍繞著現實的思想。

我們在現實的研究中取得的每一步進展都是一次真正的探險。我們能夠開始感覺到我們的過去和未來，並發現時間實際上並不真正存在。也就是說，事實上所有一切都已經存在著。卡巴拉學家能夠在我們現在所感知的時間中穿梭，並且超越現在的狀態回歸過去或步入未來。

那些可以進行這樣的「時間跨越」的人被稱為「先知」。他們不

02 卡巴拉智慧的本質

是想像或預測未來,而只是僅僅比我們前進了幾個層次到達了現實中一個特定的層次,而這個層次,是所有其他人類在將來某一天都會到達的。他們「從那裡」對我們講話,並告訴我們,他們在他們「當前的時間」感覺到了什麼。他們能夠很容易地成為偉大的歷史學家,回歸到人類曾經歷過的狀態,再次體驗它,並告訴我們有關它們的事。

在卡巴拉著作中,我們經常可以發現這樣的描述,描寫一些在他們的時代之前發生的事件,比如亞伯拉罕從一個地方漫遊到另一個地方,與人們相見,人們學習他所說的話與他所做的事。要知道這一切,卡巴拉研究人員必須回到亞伯拉罕的時間,並到達亞伯拉罕曾經到達的那同一個狀態,也就是某個特定的層次,並透過完全身處其中來告訴我們,他們所感知到的那個現實狀態。一個卡巴拉學家可以收集那時的印象,並將它們傳遞給我們。

巴拉蘇拉姆(Baal HaSulam)對它進行了如下描述:

> 但是,由於那些人到達了亞伯拉罕或其他任何人曾經到達的那個層次,所以他們看到並瞭解亞伯拉罕的所見所知。正因如此,他們知道亞伯拉罕會說什麼,同樣地,我們其他的先知在解釋摩西五經(Torah)的經文時,也表達了同樣的說法。所有這些都是因為他們也達成了那個同樣的層次,而且,在精神世界的每一個層次都是一個現實。他們每一個人都看到同一個現實,正如所有到了英國倫敦的人看到和感受到在這同一座城市中有什麼以及有關該城市的事情那樣。

——巴拉蘇拉姆(Baal HaSulam)
Shamati《我聽說的》,第98篇:精神世界永遠不會丟失。

除了擁有在時間中漫步的能力之外，卡巴拉學家也在現實中發現其他的力量。傳說中對幽靈、鬼怪和天使的描述並不是巧合。儘管它們實際上與我們目前對它們的描述具有非常不同的含意，但這些力量確實存在。對自然有著深入研究的卡巴拉學家開始看到控制自然這一切的力量，連接到它們，並利用它們同時為自己和全人類造福。

獲得對現實研究的許可確實需要付出一定的艱辛努力，但它的迷人魅力也同時捕捉，並佔據著一個人所有的內在生活，並為一個人提供完全的滿足。一個研究現實的人會發現，我們存在的理由，知道我們所有人都要到哪裡去，並瞭解我們遭遇的各種問題的原因所在。

因此，卡巴拉不只是簡單意義上的理論科學研究。它更是一種實用的方法，用於幫助我們順利度過我們生活的每一刻。透過卡巴拉，一個人可以發現未來、過去，發現在許多次的生命輪迴之前自己最初下降到這個世界時的特性，以及一個人仍然需要繼續跨越的人生旅程。

一個人一旦可以看到維繫著生命的繩子的兩端，人們就知道該做什麼以及如何做得最好。卡巴拉學家還可以在任何給定的時刻看到控制著他們的力量，比如為什麼一個人應該嫁給一個特定的人，或者為什麼自己的孩子是這樣或那樣的。所有這些細節都是預定好的。事實上，在今天，甚至科學也確認這些資訊在基因中都是被確定好了的。

有一個很著名的故事描寫了一對雙胞胎，他們在很小的時候就離開了對方，並從此失去聯繫。30 年後他們才重新團聚，他們發現雙方都從事著相同的職業，他們的妻子有著相同的名字，他們給子女也

02 卡巴拉智慧的本質

取了相同的名字，甚至他們住的房子也有著同樣的街道號碼。事情就是以這種方式展開，因為我們內在的資訊定義了一切將發生的，我們要經歷的每一種狀態。

卡巴拉把這些指引我們生命歷程、在我們內部事先設定好的程序，稱為精神基因（Reshimot）。Reshimot存在於每一個人的內部，而且一個人經歷的每一種狀態的目的都是為了教給我們一些東西，以便促進我們向著實現最終目標的方向前進。

如果我們知道控制我們的力量和我們的內部結構，我們就能為每一個未來的狀態做好準備。如果我們知道如何與現實的總體法則保持平衡的話，現實也將會以另外一種同現在的狀態完全相反的狀態呈現在我們面前。

卡巴拉智慧並沒有停留在僅僅以一種科學的方式教給我們有關現實的知識，使得我們可以賣弄一些有關更高世界的「居民」等大道理。更確切地說，它教導我們如何在每一時刻控制我們的命運。所有的力量和給我們造成壓力的事件都是為了幫助我們成為引領我們自己的現實的領導。「成為現實的領導」意味著我們每時每刻都使自己與現實保持平衡。因此，我們的任務就是發現「處於平衡狀態」的真正內涵是什麼。

第二節 現實的結構

在其存在的整個歷史中，人類一直都在利用自己的五官探究我們生活在其中的這個現實，並且，透過收集整理各種發現，形成了各門科學。科學與人類知識的累積的目的，都是為了改善我們的生活，幫助我們更有效地利用我們生活在其中的這個世界。

與所有其他科學不同的是，卡巴拉智慧研究普通人無法理解的一個存在的領域。若要對這個領域進行研究，一個人必須配備另一個可以感知到那個「更高世界」的感官。透過這樣一個額外的感知能力，一個人就可以收集有關更高世界的資訊，並透過它進行實際體驗。像任何普通的科學家一樣，卡巴拉學家可以紀錄對各種動作的各種反應。卡巴拉學家是那些探索更高世界的研究人員，為此他們已經紀錄了他們幾千年來的研究結果。他們的研究結果的集合就構成了卡巴拉智慧。

卡巴拉智慧描寫了起源於創造者，並透過所有更高的世界一直下降到我們的這個世界的那些行為。它也講述了它們是如何擴展到物質的現實世界的，使我們全都可以用我們的普通的五官去感知到它們。

我們的這個世界只是更高世界的一個結果。因此，卡巴拉智慧包含了更高的世界以及我們的世界的知識。更高的世界屬於比我們的這個世界的存在形式更高的一個層次，在那裡，時間、空間和運動都不

02 卡巴拉智慧的本質

存在，是一個存在著抽象力量的世界。因此可以說，卡巴拉包含了所有的存在，就像它們都在我們的世界被表達的那樣。

卡巴拉是一種幫助我們研究存在的所有狀態的工具。這些狀態包括我們的靈魂穿在物質身體之前我們的狀態、我們在這個世界的各個階段的狀態、以及我們的靈魂一旦離開身體，並返回到它們在更高世界的根源時我們的狀態。

卡巴拉研究從創造者擴展到他創造的這個現實之間的所有事物，以及他引領一切到達他渴望實現的目標的所有過程。但卡巴拉卻不研究創造者本身。

人類正在面臨的危機和不斷增長的無助感和空虛感，都表明卡巴拉智慧出現的時間已經到來。卡巴拉解釋說：現實的目的就是為了將人類提升到一個與創造者相等的水準。人類下降到這個世界的目的就是為了使我們能夠獨立地提升到現實的最高層次——即創造者的層次。

當我們存在於這個世界並開始向創造者攀升時，我們把握著現實的兩端，因為當我們以身體形態存在於我們的這個世界的同時，我們的靈魂卻存在於創造者的層次。這正是我們存在的目的，這一切都是引領我們所有人朝向這一目標的創造者預先為我們設定好的。

當在這個世界我們的物質身體的輪迴轉世到達了最後的階段，我們的靈魂將會達到創造者的層次。這一過程和現實中發生的任何其他一個漸進的過程都是類似的。從創造者的觀點來看，創造過程的開始

和它的結束處在同一點上。但是，雖然對於創造者來講時間的概念並不存在，但對我們來講，最後階段的這個過程卻持續了數千年時間，使我們有足夠的時間去獲取必須的觀念和發展的品格。這些將幫助我們逐漸地變得越來越像創造者，並最終和創造者成為平等的夥伴。

這一過程本質上是一個逐步演變發展的過程。人類的進化發展過程就像一個水果的成熟過程，在未成熟的階段，總是乾澀和酸苦的，而成熟時則會變得甜美多汁。如果我們不知道水果的成熟過程，我們一定會錯誤地認為，這個酸澀的水果在成熟時一定會變成一個更酸澀的水果。但是因為我們一開始就知道這整個過程會有一個好的結尾，因而我們可以辯護這整個過程的正確性，我們會認為那個開始時的酸澀是正常的。因此，只有那些知道該過程將要到達的最後結果的人才能捍衛它的合理性；如果我們也能看到我們未來的那個狀態，我們就會瞭解創造者的那些行為，並維護它們的正確性。

2.1 控制物質世界

研究現實的卡巴拉學家揭示出現實包括我們的世界和更高的世界。在所有世界中，最低的世界就是我們所處的物質世界，其餘的世界都是精神世界。在精神世界中，沒有像在物質世界中存在的這種物質形式。精神世界的物質只有願望、力量和思想。

我們認為，我們可以控制我們的這個世界中發生的事件，但當我們提升到一個更高的層次，我們立即發現這些事件只不過是一個結

果。它們是由更高的世界、更高的力量來操控的。因為我們還沒有處在那些世界中,所以我們自己還無法控制它們。

如果我們想要根本地改變任何事情,我們必須超越我們自身,提升到一個更高的層次。在更高的層次上,那些準備工作在植入我們之前就已經被做好。只有在那些更高的層次上,我們才可能獲得一定程度的瞭解和從根本上改變任何事情的能力。生活反覆地證明我們根本沒有控制任何東西,不僅如此,當我們意識到生命的確在飛逝之時,我們已經度過了我們的黃金年代。

儘管科學突飛猛進,技術越來越進步,人類對下一步如何進展卻變得完全手足無措。我們處在一個可怕的狀態,因為我們正處在離那個平衡狀態最遠的地方,所以直到我們在一個超越物質世界的更高層次上獲得改變任何事情的知識和力量之前,我們不會有片刻的安寧。只有當我們提升到控制我們這個世界的那些力量和層次時,我們才可能到達長久以來渴望的平衡。

2.2　開啟我們的雙眼

現實的所有一切就是一個單一的、不變的給予的思想。卡巴拉學家將這種思想稱做「創造的思想」。他們說其本質就是創造者想要給他的創造物帶來利益的願望。如果我們沒有與這個涵蓋一切的現實的思想取得一致的話,我們就與現實處於不平衡中,這種不平衡就會使我們體驗各種痛苦。

當然，我們不會自然地感覺到這種不平衡。而且，即使我們感到這種不平衡，我們仍然發現很難理解它。但是如果我們能夠看到這就是現實如何運行的方式的話，我們就可能會改變我們的行為方式。

因此，我們唯一的目標就是要開啟我們的雙眼，並看到現在的確就是這種情況。卡巴拉智慧將幫助我們看到它。當我們做到這一點時，我們一定會改變。

如果我可以看到某種東西可以改善我的處境，我會願意以任何可能的方式追求它。而且，即使我必須付出某種東西帶來改進，我也會付出，只要它能改善我存在的狀態。因此，首要的難點是開啟我們的雙眼，以看清目前對我們隱藏著的到底是什麼。

我們所有的進化狀態都已經在創造的思想中預定好了，但前進的方式和步伐卻完全取決於我們自己。事實上，即使今天我們都有可能跨越整個旅程，實現那個與創造的思想等同的目標。

2.3　在通往精神世界的階梯上

「攀登更高世界的階梯」是指精神世界的上升之路所彙集的所有洞悟和認知的一個通稱，它包括一個人持續的內在的進步以及在每個時刻獲得的那些新品格。

正如前面提到的，創造物是由一個接受快樂的願望組成的。這個願望被分成稱之為「Aviut（厚度，願望的強度）的五個層次」的五個基本部分。它們從根（Aviut 0）到 Aviut 4 遞增。因此，Aviut 這

 02 卡巴拉智慧的本質

個術語被用來測量願望的強度。

每個基本程度的 Aviut 又被分為五個子程度（sub-degrees），每一個子程度又被分成子子程度（sub-subdivisions）。因此，這個接受的願望總共被分為 125 級，我們需要改正這些所有的程度。

願望的改正意味著利用這個接受快樂的願望給他人帶來快樂。這樣的利用方式被稱為「給予」或「贈與」。創造者的品格就是「給予」的品格，從他那裡擴展出來帶給他的創造物的豐富，就是他想給予他們的願望的一種表達。

因此，改正人類只想給自己帶來快樂的利己主義，把它轉變為想要給予別人的利他主義，是層次上的一種提升。一個人每提升一個層次，就獲取更多的給予的願望，並相應地感覺到和創造者更加相似。伴隨每一次提升，一個人越來越接近創造者的品格，並更接近生命的目的。這一過程會一直延續發展，直到一個人完全獲得創造者的品格，變得與創造者完全相同。

為了使人類能夠開始改正，創造者在創造出人類之前，先創造了這些世界和它們的不同層次。只有在這些完成後，人類才被創造出來，並下降到這個世界。從這裡開始，我們人類必須重新攀回到我們的根源。因此，卡巴拉研究兩個次序：一個是「從上向下」的次序，它是關於各個世界和它們的不同層次的降落；另一個是「自下往上」的次序，它是關於靈魂反向順著降落下來的次序，層層上升，並經過降落下來時那個同樣的層次的攀升。

從創造者那裡起源的各個世界分別是 Ein Sof、Adam Kadmon、Atzilut、Beria、Yetzira、Assiya，直到最後，才是我們的這個世界（圖12）。卡巴拉描述各個世界的創造以及一個靈魂是如何經過所有的世界一直降落到我們的這個世界的。在更高的世界和我們的這個世界之間有一個「壁壘」，將精神世界和我們的物質世界分隔開。

```
                      創造者
                ─────────────────
                Ein-Sof 無限世界
  Tzimtzum      ─────────────────
  （限制）        Adam Kadmon

                    Atzilut

                     Beria

                    Yetzira

  Machsom            Assiya
  （壁壘）        ─────────────────
                    這個世界
```

【圖12　無限世界和這個世界之間存在的各個世界（創造者對創造物的隱藏）】

　　在壁壘之下，身體和靈魂都處於這個世界的層次，我們在這一層次開始我們的改正過程。從這個世界開始，靈魂透過不斷累積有關精神世界的現實的知識並開始逐漸提升，依次穿越 Assiya、Yetzira、Beria、Atzilut 和 Adam Kadmon 五個世界，最終回到 Ein Sof 世界。在 Ein Sof 世界，靈魂在一個被稱為 Gmar Tikkun（改正的結束）的狀態中與創造者完全重新結合。

02 卡巴拉智慧的本質

卡巴拉智慧涵蓋了在創造者之下的整個現實：所有世界及其中的一切事物，靈魂到達這個世界的降落過程和它重新向上攀升回其根源的過程。換言之，卡巴拉智慧包含了人類的所有狀態和境況。

所有的世界，包括我們的這個世界，都是一個位於另一個的下方。因此，所有的世界都由相同的元素組成。「光」從創造者那裡發出並貫穿所有的世界一直下降到這個世界。因此，每個在 Ein Sof 世界存在的元素同樣也存在於所有其他的世界中。

卡巴拉將這種關係定義為「根和枝」的關係：

因此，在現實中的任何事物，或在一個較低的世界中發生的任何現實事件，你都會在任何一個高於它的世界中找到與它相像的事物，這就好比池塘裡的兩滴水完全相同一樣，它們被稱為「根和枝」。這意味著在較低的世界中發現的事物被視為是在更高的世界中找到的該事物以枝的形式的表現，更高世界的事物是較低世界的同一事物的根，這就好像是那個在更高世界的事物，在這個較低的世界中產生的印痕所形成的那樣。

——巴拉蘇拉姆（Baal HaSulam）

The Essence of the Wisdom of Kabbalah《卡巴拉智慧的本質》

因此，我們看到在這個世界中，存在的每個元素和細節及其所有的連接，同樣存在於從 Ein Sof 到 Assiya 的所有更高的世界中。諸如宇宙、行星、地球，以及靜止的、植物的、動物的和說話的層次上的

一切事物，都可以在那些高於這個世界的所有更高世界中找到相對應的「根」事物。這個世界的元素和那些更高世界的元素之間只有一個區別：在更高的世界中，這些元素是力量，而在我們的這個世界中，它們卻呈現為物質形態。

到達那些更高的世界，使得一個人能夠看到控制這個世界中每樣事物的那些力量。當我們到達更高的世界時，我們開始認識到那個世界的現實中的每個元素和其行為模式，以及導致每個元素的行為和其品格的原因。卡巴拉智慧促進我們提升到更高的世界，並使得一個人可以從上面來觀察這個世界中每個物件的行為。

穿越那個壁壘是一個漸進的過程。懷著想要接近創造者的品格，即給予的品格，來學習卡巴拉，增強了一個人對精神世界的熱切渴望。在學習中，一個人對其存在的現實的敏銳的、深層的見解逐漸產生，開始感知到操控這個世界的物質的「後臺」運作的行為和控制著這些可見的、可認知的物質的力量。

一個卡巴拉學家繼續透過普通的五官感知到原先的同一個現實，但在第六感官的幫助下，他同時感知到超越五官的感知邊界之外的那些力量。那個隱藏的現實變得越來越清晰，超越這個世界的畫面之上的另一個現實的存在變得越來越清晰。

對精神世界的現實的揭示被劃分為三個階段，分別叫做懷孕期（Ibur）、嬰兒期（Katnut）和成年期（Gadlut）。第一個階段，即懷孕期（Ibur），我們可以看到我們的狀態，但無法理解它。在第二個

02 卡巴拉智慧的本質

階段嬰兒期（Katnut），我們知道正在發生的一些事情，但仍然不能獨立自主地參與精神的行為。第三個階段是成年期（Gadlut），我們獲得能夠參與精神行為，並且影響精神現實的力量和智慧。

在第三個階段，我們開始支配來自更高世界的力量之流到達我們的世界，並再回升到更高的世界。做為個人，我們因而成為從上向下以及自下往上的力量之流的主動參與者和導管。在成年期（Gadlut）的狀態，完成我們被賦予的角色的使命，並做為各個世界之間的連接器而運作著，這是我們改正後的狀態，而且每個人都必須到達它。

每個人都能夠感覺各個世界中的事物和元素。我們需要的只是一種特殊的、微妙的感官，一種識別和感覺的能力。即使在這個世界，我們也能識別一個年幼的小孩、一個年輕人、一個成年人和一位科學家之間巨大的差異。卡巴拉的研究在我們內部不斷產生新的見解和認知，最終引導我們獲得對更高世界的感知。

從以上內容我們可以理解為什麼卡巴拉包含了有關這個世界的所有教義和科學。如果沒有正確的解釋，我們可能會迷失，並認為卡巴拉是一個關於奇蹟與巫術的神秘教義。

有些人將它與猶太教相聯繫，但事實上，卡巴拉智慧與神秘主義、宗教或其他任何人為的幻想之間沒有任何聯繫。卡巴拉智慧的目的只有一個：透過逐步地改正把人類帶到與創造者等同的狀態。

卡巴拉是人類用來改正自己的利己主義的一種成功的方法，這完全是因為它的著作是由那些已經改正好自己的卡巴拉學家所撰寫的。

人們想接近卡巴拉著作中所描述的那些狀態的渴望，使得那些狀態「投射出一種改正的力量」到達這個人目前所處的狀態。這種力量被稱為「環繞之光」。它會改變一個人的品格，能夠使人們透過在其內部逐步建立利他的品格，而感受到他們改正後的狀態。

卡巴拉的研究集中在對 Atzilut 世界的研究上。Atzilut 世界被稱為「改正的世界」，它位於 Parsa 之上。它是一個被用以改正一個人而特別設計的系統，只要一個人想改正自己，就能夠利用這個系統來實現。在 Atzilut 世界中，充滿一個人改正後的靈魂的「光」，它以「環繞之光」的方式照耀在一個人目前的狀態上，它是把一個人的本性從利己主義改正為利他主義的一種力量。這個環繞之「光」提升一個人的靈魂，使它經過所有的世界，最後返回其根源。因此，Ein Sof 世界是最終的目標，而我們的這個世界則是這個返回過程的起點。人類品格的這種改進則被稱為「在不同層次的所有世界中的攀升」。

卡巴拉是專門為那些探尋生命的目的和意義的人準備的，這些人不再滿足於諸如性、財富、榮譽或知識等帶來的世俗的快樂。當全人類都覺醒過來開始詢問有關生命的目的和意義時，卡巴拉智慧就會浮現。卡巴拉學家將這一大眾覺醒的時期的開端定在 1995 年，從那以後，向大眾傳播卡巴拉智慧成為一種必須。

2.4　真理的智慧中運用的四種語言

如前所述，卡巴拉學家研究的是超出一般人的感知能力的更高的

02 卡巴拉智慧的本質

世界。因此,卡巴拉學家對他們所達成的精神感知的描述只和更高的世界有關,但是,由於我們普通人不知道除了我們自己和物質世界之外,還存在著精神世界,所以我們很自然地把他們的描述當成是在描寫我們的世界,這種現象被稱為「物質化」。

當摩西五經《Torah》被寫成的時候,以色列人都還處在一個精神的層次上。但在第二聖殿被毀滅之後,人們開始與精神世界分離,從那時起的兩千多年後,摩西五經《Torah》中的故事看上去似乎變成了對歷史事件或者道德行為準則的描述。

然而,事實並非如此。在這個世界上的每個元素都透過「根與枝」的連接關係,和所有其他精神世界中相同的元素連接著。基於以上原則,卡巴拉學家發展出一種語言,它依賴於我們自己的這個世界與更高世界之間的平行對應關係。在這種語言中,精神世界中事物的發生過程採用了與我們這個世界中相對應的枝的名稱來加以描述。

卡巴拉使用四種不同的語言來解釋我們如何可以到達創造者的程度,以及我們如何能夠將那個改正的力量吸引到我們身上,以使這個力量逆轉我們,將我們的本性從利己主義變成利他主義。這些語言分別是《聖經》語言、律法語言、傳說語言和卡巴拉語言。

巴拉蘇拉姆(Baal HaSulam)在他的文章《卡巴拉智慧及其本質》一文中寫道,真理的智慧有四種語言,卡巴拉智慧的本質和《聖經》的本質沒有什麼區別,都屬於同樣的真理的智慧。但是,律法、傳說以及卡巴拉所運用的語言是最方便,也是最適合使用的。

這些語言間的不同之處在於其準確性。卡巴拉語言描述的更高世界的「根」和更低世界的「枝」之間的連接關係是最精準的。一個人與自己在更高世界的「根」連接得越準確，其接受到的改正的力量就越強大。

卡巴拉語言中運用的術語，比如「世界」和「Sefirot」、圖表和公式等，描繪的是並不存在於我們這個世界的東西。這種語言使它更容易避免混淆和物質化，並便於用一種清晰和有序的方法去進行研究。卡巴拉語言在本質上不同於其他語言，因為它用清晰、明確的方式，描述了創造的目的——使創造物和創造者相似，也就是將創造物的利己主義反轉為創造者的利他主義。

目前卡巴拉主要的教材，是巴拉蘇拉姆（Baal HaSulam）的 6 卷 Talmud Eser Sefirot《十個 Sefirot 的研究》，這是基於阿里（Ari）的著作寫就的。在這部超過 2000 頁的著作中，Talmud Eser Sefirot《十個 Sefirot 的研究》闡述了那些更高世界的結構，並輔以大量圖表、術語表及問答等形式。在對這本書的介紹中，巴拉蘇拉姆（Baal HaSulam）詳細闡述了我們這一代使用卡巴拉語言優於其他語言的原因。

今天，人類已經發展到這個接受的願望的最後一個發展階段。這就是為什麼到巴拉蘇拉姆（Baal HaSulam）的時代，為了使得這一智慧可以適用於每一個人，他將阿里（Ari）的方法闡釋得可以更適合於我們這代人的靈魂的結構——從而使得卡巴拉智慧能夠為每個人所運用。

02 卡巴拉智慧的本質

2.5　改變我自己

許多人錯誤地將猶太教與卡巴拉智慧聯繫在一起。事實上，卡巴拉和宗教之間有著根本的不同。宗教的目的是讓人平靜下來，如果我祈禱時，它培育一種希望，希望我的祈禱能夠改變創造者對我的態度。

卡巴拉卻採用了一種非常不同的方法：「祈禱」（希伯來語：Tefila）一詞的詞根意思是「判決」或者「審判」（希伯來語：Palal）。換言之，一個人審判自己、檢驗自己的品格和創造者之間的不同，並祈求接受來自更高世界的力量來改正自己的品格。

卡巴拉智慧解釋說創造者是永遠不變的。意思是說，他對他的創造物的態度是絕對的，不會改變的。也就是說，他是好的，而且只做好的，對好人對壞人都一樣，沒有分別。

每個人都由於自己與創造者——更高的力量之間的距離，而不斷地感到來自它的持續的壓力，那壓力的強弱與距離相對應。當一個人距離更高的力量越遠時，感受的壓力越大；而當一個人距離更高的力量越近時，壓力則減輕。

雖然更高的力量採用了不同的手段將我們拉近它。它的目的始終只有一個，就是將每一個人都帶向完美。如果我們希望變得更好，那是指我們必須改變自己。我們必須提升到一個更高的層次，在每次提升過程中，我們將覺得自己與創造者越來越接近，這樣我們的靈魂將被充滿，並感到滿足。在我們的生活中沒有其他方法可以來引發這種

改變。

在整個歷史中，人類一直都在乞求一種來自更高力量的變化，但那個變化卻始終沒有到來。更高的力量在等待著來自我們的改變。在我們透過卡巴拉智慧開始演變發展之前，我們的道路仍將充滿苦難。各種打擊一直會從背後逼迫我們去尋找另一個看起來更好的地方。但是用不了多久，我們就會發現這個新的地方並不像開始想像的那樣好。因此，我們不得不重新換一個地方，但同樣的感覺不停地重複著。同樣的故事，只是換了一個不同的版本。

但是，如果我們透過卡巴拉開始去發展，我們在改正後的狀態將會「投射」到我們目前的狀態上並「照亮」它。有了這個「光」的照耀，我們將知道如何前進。如果我們開始知道正確的目標，我們將會很高興被帶到那裡。而這也正是人類一直在無意識地參與著的充滿痛苦的人類進化和根據卡巴拉智慧實現的有意識的進化之間的區別。

今天，這個世界一直在我們不瞭解它存在的原因的無意識的狀態下進化著。人類並不知道他們將被引領到何處，一個人為什麼會出生、生長並死亡。卡巴拉智慧將開啟我們智慧的眼睛，並指引我們透過達到創造者的程度來實現完美和達到永恆。

當我們開始使用卡巴拉智慧來審視我們處在現實中的位置時，我們發現創造者對我們的態度是有目的的。很顯然要求創造者來改變他的態度是沒有意義的。如果我們可以在「光」的幫助下向前進，我們的步伐將會超越苦難逼近我們的步伐，而且我們的進步也將越來越

02 卡巴拉智慧的本質

快。這正是學習卡巴拉能帶給我們的整體的利益：加速精神進步以戰勝痛苦。

在二十一世紀初的今天，人類正處在一個鴻溝的邊緣：毒品在不斷氾濫，絕望和對徹底毀滅的恐懼留給人類的選擇只有一個：努力去逃離從背後一直驅策著我們的痛苦。

綜上所述，我們可以清楚地看到，發現創造者對待我們的態度是有目的的這一點對我們至關重要。認識到創造者的這種態度，使得我們開始轉向他，就像一個同行的旅行夥伴，向他請求幫助，從他那兒獲得智慧和力量，以便儘快和他會合。對一個人這樣的一種要求，創造者會在一瞬間給予那個人以答覆。他將把更高的世界顯露給我們，並教導我們如何取得進展。

就像我們教導我們的孩子們能夠明智地利用他們周圍的現實一樣，創造者也以同樣的方式教導卡巴拉學家。他向他們顯露精神世界，並將他們帶領到那些世界之內。在這種狀態下，卡巴拉學家感覺到控制現實的那些更高的力量，並開始獨立和明智地參與這一過程。

卡巴拉智慧將一個人從透過負面力量在背後逼迫著而痛苦地前進的狀態，轉變為一個透過正面的力量從前方往前拉從而快速、輕鬆地前進的狀態。卡巴拉在這方面的獨特之點在於它培養我們認知邪惡並辨別它的能力。它發展出對好和壞之間的那種微妙、敏銳的洞察力。

辨別善與惡的區別的困難在於那個真正的邪惡——我們的自我（利己主義）似乎對我們很好。我們都習慣於將我們的利己主義視為

發展的一種手段。事實上，我們的快樂、我們的生活、我們的本性和我們個人的真我，都是在我們的自我中被感知到的。

卡巴拉幫助我們辨別什麼會導致傷害，如何能夠對它進行修補，並允許我們在每個階段的演變發展中取得進步。一個高度發展的人和一個進展緩慢的人之間的差異，取決於其辨別善惡的能力。

我們可以用一個測量儀表來做一下比較。儀表的讀數越小，儀器的精度也就越高。卡巴拉的學習研究能夠使得我們對精神世界與物質世界，對給予（利他）和接受（利己）之間的認知能力變得越來越敏銳。

今天，如果一個人擁有這樣的機會能夠聽到關於卡巴拉的事情和它可提供的那些可能性，這個人就可以實現他或她被創造的目的：也就是當他或她還生活在這個物質世界的同時，就可以逐級提升經過所有那些更高的世界，並最終到達那個叫做 Ein Sof 的無限世界。

2.6 對待現實的正確態度

卡巴拉在希伯來語中的意思是「接受」。正如它的名稱所代表的，卡巴拉是教授我們如何去正確接受的智慧。如果我們對待現實的態度正確，就可能經驗無限的快樂。這種無限的快樂，不是來自性、食物、一輛新車、一座大的房子或其他轉瞬即逝的那些物質的世俗快樂，它是那種可以給人們帶來無比幸福感的快樂。為了獲得這種無限的幸福，我們願意超越任何時空的限制去接受它們。

02 卡巴拉智慧的本質

我們在好的和壞的感覺之間的波動，或者說在願望被滿足和沒有被滿足之間的感受的起伏，給我們帶來了一種時間在流逝的感覺。但是，當我們處在一種極度快樂的狀態時，我們是感知不到時間的。卡巴拉智慧告訴我們，我們可以一起完全消滅時間，同時也消滅空間距離和任何其他限制或邊界的感覺。已經達到這樣一種狀態的人，無疑是生活在一個無限的、沒有限制的世界中。

我們的生活會始終包含兩種對立的元素——快樂和願望、正和負。一種充滿一個願望的快樂在滿足那個願望的同時，也消滅了它。我們在生活的各個領域都遇到這種現象。當「正」中和了「負」時，最終我們什麼都感覺不到。只要我們短路式地將快樂和願望連接在一起，我們始終會被囚禁在一個零和方程的遊戲當中。然而，當我們在這兩個對立面之間加上一個類似電阻的東西時，它們將完美地工作，並創造出永恆的快樂。

卡巴拉解釋說，快樂源自更高的力量。更高的力量傳送給我們快樂是因為它愛我們。當我們嘗試直接接收那個快樂時，那個快樂卻抵消了我們享受它的願望，隨之而來的是那個快樂的感覺也隨著消失了。

然而，對待快樂有另外一種方法：如果我們可以發現來自更高的力量對我們的愛，並將他對我們的愛返回給他，我們就會變得和更高的力量等同。每一方都想要取悅另一方，這種想取悅對方的願望將會變成雙方共同的快樂。這樣的話，快樂就會持續從外面進來，它實際上源自每一方的內部，是每一方對另一方的愛的一個結果。這就是為

什麼從愛中產生的那個快樂不會消滅渴望它的這個願望的原因，而且透過這樣的給予，創造物將接收到一種無限快樂的感覺，它被感知為無限的生命。

讓我們用一個例子來闡明：當一位母親給她女兒糖果時，女兒享受糖果的味道帶來的快樂。當這個糖果一吃完，快樂也隨之消逝。但是，如果女兒將這個糖果和她的母親聯繫起來，而不是只想著這個糖果本身，她可以聯想到她母親對她的愛，而這個愛正是她母親送給她糖果的原因。那樣，在她決定接收這個糖果時的原因，不是因為糖果美味可口，而是因為她想要回報她母親對她的愛。

她能表達對母親的愛的方式只有接收母親給她的這塊糖果。因此，女兒不會將快樂歸因於糖果的味道，而是將快樂歸因於她的行為使母親接受到快樂——母親的快樂源於感受到女兒從糖果中得到的快樂。

這將在給予者和接受者之間建立起一種完全嶄新的關係。現在，這兩者變得平等了。這樣，那個正和負相互中和而互相抵消的問題被解決了，因為這個接受者——一個「負」，已變成為一個「正」的給予者。如果這個容器接收「光」完全是為了回報那位更高者的愛，它將完全變得與給予者、更高者相同。快樂將不再熄滅願望，不但不熄滅而且將持續。

實際上，誰在給予誰在接受並不重要。只有給予或者接受行為背後的意圖才重要，也就是我們給予和接收的方式。透過改變意圖，我

02 卡巴拉智慧的本質

們可以與更高的力量維繫這樣一種方式，我們不會再只是從它那兒接受的接受者，而同時也是給予它的給予者。這種意圖能夠使我們的接受變成不是因為我們想要這個快樂，而是因為我們想要取悅更高的力量才去接受它。

在這個過程的最終，因為我們和更高的力量實施同樣的行為，我們會逐步獲得和它同等的思想、地位和層次。當我們能夠在我們的內部實施這一行為過程時，我們將開始感覺到與更高力量的一種聯繫；我們會感覺到我們已經獲得了它的思想，我們正在學習如何接受來自它的快樂以及如何同時可以將快樂返還給它。只要在意圖上進行這種簡單的轉變，就可以變得與那個永恆、無限的更高的力量越來越相似。

要執行這種行為，我們需要揭示出更高的力量，需要感覺到存在著一種更高的力量，它愛我們並希望豐富地充滿我們。如果我們感覺到這一切，我們會開始感到我們自己和更高力量之間的關係。因此，擺在我們面前的唯一困難是找到一種發現更高的力量的途徑和方法，感覺到它並與它保持聯繫。

學習卡巴拉幫助每一個人發展這種聯繫。這種一個人與更高的力量之間的關係，開始於一個人感覺到有一個「場」——及某種更高的力量的存在，這個「場」維持著整個的現實，而且，他自己就身處其中。如果我們真的開始感覺到那個力量的存在，而且它對我們充滿著愛，想要我們知道它並接近它，那我們將很自然地開始發展這種關係。

經歷過臨床死亡的人都說有一個至高無上的「光」在等待著我們，許多科學家也開始思考類似的概念。但是我們不需要體驗這樣的危境才感覺到「光」。學習和研究卡巴拉可以逐步使我們感覺到更高的力量。我們開始研究現實，並按照我們的發現和感知去運作。

當我們感覺到在我們外部的那個力量時，我們會發現那個更高的力量是如此地愛我們，因此我們開始感到更高的力量的存在是為了帶給我們利益，並想讓我們幸福快樂。相應地，我們發展我們與那個更高力量之間互相給予的態度。

這裡沒有任何幻想，這些都是很現實和可衡量的事情。卡巴拉學家度量那個更高力量到達他們時的形態和強度，它給他們造成的壓力，他們必須應用的相應的抵抗力，他們如何才能連接到它，與它相似，在他們的願望中哪些已經能夠像它一樣，哪些還不能夠等等。

卡巴拉學家對更高的力量向他們表現出的，只想使他們受益的愛留下了深刻印象，而他們也將以同等程度的愛回報給它。

我們的本質就是一個感覺的容器，因此一切都從我們對更高力量的感知開始。我們都想要某種東西。如果我們能感覺到這個某種東西來自現實中某種更高的力量，我們對現實的態度就會徹底改變，這樣，我們將會與那個更高力量相關聯。卡巴拉的學習研究可以幫助我們感覺到那個更高的力量，感覺到那個給予者。

2.7　外部的現實

從我們開始感覺到更高的力量，並與它建立關係的那一刻起，我們開始感知到外部的現實。卡巴拉學家說在我們周圍除了更高的力量之外，沒有任何其他東西，也就是說，我們身處在一個充滿著整個現實的更高力量構成的場中。當我們開始感受到這個「場」時，我們的身體變得完全不再重要。我們開始覺得我們永恆地、無止境地存在著，不論我們的身體是否存在。在那樣的狀態下，我們不再依賴於我們透過五種感官而得到的那些感覺。

除了我們天生的五官感知之外，我們開始感知到超出五官感知能力之外的那個外部的現實。當這種感知發生時，物質生命的生與死不再重要。這種狀態是超越我們生活在我們的自我製造的這個「黑匣子」時的那個感知之上的；我們變得和圍繞我們的那個無限的生命的湧流連接起來。雖然我們確實還繼續存在於這個世界上，但我們也同時永遠存在於所有那些更高世界中。

這樣一種感覺是透過感知到現實的兩種形式引發的：一種是在我們的五官感知範圍內感知到的這個內在的現實，另一種是外部的現實。實際上，對那個外部現實的感覺超越了我們在我們的五官感知範圍內感知到的這個物質世界的感覺，因為它帶給我們的感覺要強烈得多，而且無邊無際。

2.8　穿越壁壘

當更高的力量對一個人表現為愛的形式時，它令這個人內部的給予的形式被喚醒，使得這個人「穿越壁壘」，並進入「精神世界」。這一過程非常類似於照片顯影的過程。當我還是一個孩子的時候，我們會用膠片拍相片，並把膠片放入化學顯影劑中沖洗出照片。當這個膠片浸在這些化學物質中時，我們會看到照片如何漸漸顯影而變得越來越清晰。

我們已經習慣於將我們的這個世界當作現實，在這裡，各種人、組織和公共機構都塑造並影響著我們生活的軌跡，例如我們的鄰居、我們的雇主和政府等。慢慢地、漸漸地，透過為了發現更高力量的目標而做出的努力，使我們開始感覺到在這個世界上發生的一切事物的背後真正存在的是什麼。我們會開始看到那個力量如何像操縱牽線木偶一樣控制著人們，而且我們將明白它想從我們這裡得到什麼。

慢慢地，透過我們的生活經驗，我們將開始看到這一切都來自某種單一的態度，來自那個操控著我們的更高的力量。而這一點就是卡巴拉智慧真正開始的地方。

在穿越那個壁壘之前發生的一切都被稱為「準備階段」。從一個人開始感覺到更高的力量，並與它建立聯繫的那一刻開始，這個人就開始理解那些卡巴拉著作中專門為讀者編寫的說明。那些著作告訴卡巴拉學習者，他們應該注意什麼，怎麼做，做什麼，以及他們可以期望得到什麼樣的反應等等。

 02 卡巴拉智慧的本質

這一過程非常類似大人教育小孩行為舉止的過程。因為孩子們不知道在這個世界上正確行為的規則，我們警告他們哪些事情可能會導致他們失敗，並建議他們正確的行為方式。卡巴拉學家正是用完全相同的方式寫下了他們對我們到達精神世界的行為指示。卡巴拉著作實際上是一部達成精神世界的指導手冊，告訴我們如何可以更快地推進和改善我們與更高的力量之間的關係，一個被我們稱之為「精神世界」的關係。

2.9　形式等同

我們到目前為止，已經建立起了「光」的性質和接受的容器的性質是正好相反的這樣一個概念：一個是給予，而另一個是接受。當「光」填充該容器時，「光」抵消了它。換言之，渴望享受的願望被滿足了它的快樂中和掉了。這樣一來，人們不得不忙於不斷地去追求新的快樂，但沒有任何一種快樂可以持久。只要「光」與這個人之間的連接建立在這個人是接受者的基礎上，就不可能有真正持久的快樂產生。

要得到真正的快樂，一個人必須懷著為了取悅更高力量的意圖去接受。如果一個人保持那個意圖，他或她將會立即被充滿，並將始終是一個給予者。這種接受模式帶來的好處有兩個：一個人被快樂本身和對給予者的認知而帶來的雙重滿足所充滿。如果一個人是為了取悅更高的力量而去接受，這個人就開始認識更高的力量，這反過來會給

這個接受者帶來一種對外部現實的感知。

如果我們只從純粹的自私自利的利益的角度去接受的話，我們只會感覺到我們自己。帶著為了給予更高的力量的意圖去接受能夠使我們知道更高的力量。透過這樣的一種新的接受方式，我們將超越我們自己的利己主義接受方式為我們製造的這個「黑匣子」，並體驗在我們的「黑匣子」之外的外部的現實。

對外部的現實的感覺將我們帶到一個更高的存在的水準，這種存在取代了在這個世界上生與死的這種存在形式。這種為著利己主義的利益的接受方式，被稱為「物質上的接受」，它是一種不合格的接受方式，而一個人超越它提升到透過在靈魂中去接受時，這被稱為「目的是為了給予更高的力量的接受」。

為了使一個人能夠開始為了給予而去接受，一個人必須先感覺到更高的力量。覺察到更高的力量是一個給予者的感覺在這個接受者心中產生一種羞恥感，這使得這個接受者做出了一種限制接受的決定，這個人決定，只有在自己能夠將快樂回報給那個給予者的條件下，他才可以接受。

然而，在我們的利己主義導致的這個物質世界中，更高的力量對我們是隱藏著的。如果它已經被揭示，我們全都會沉浸在一種雙重的利己主義的快樂中，即來自快樂本身的快樂和來自我們同更高力量的連接的快樂。這樣一個狀態將把我們自私自利地「鎖定」在更高的力量之上，並且不停地從它身上抽取快樂。那樣的話，我們將會永遠無

02 卡巴拉智慧的本質

法轉換到將愛回饋給給予者的那個狀態。

因此，感知更高力量的第一個條件就是擺脫利己主義。在人類的利己主義自我的感知容器當中不可能感知到那個更高的力量。如果我們已經用我們自私自利的願望感知到了更高的力量的話，我們就會變成一個 Klipa（殼）。這個 Klipa 是一種如此強烈的自私自利的願望，以致於我們將無法掙脫它而獲得自由。使我們擺脫這個利己主義的唯一方法是，我們要在形式上等同於我們那個共同的靈魂的形式。

2.10 共同的靈魂

我們全都被創造成為一個單一的被稱為 Adam ha Rishon（亞當，第一人）的感知容器（Kli）。在此感知容器（Kli）中，我們都做為這個單一系統的組成部分互相連接在一起。為了使這個感知容器（Kli）能夠進行改正，Adam ha Rishon（亞當）的精神結構被破碎分裂成為數眾多的碎片。這些碎片就是在這個世界上穿在我們身體中的那些個體的靈魂。這個破碎的結果使得每個人都被侷限於他或她的自私自利的慾望當中，看不到其他的存在，只能感覺到自己本身。

今天，在經過一個漫長時期的進化之後，人們開始感覺到在他們心中的那個心裏之點，這個心裏之點是驅使他們與更高的力量重新連接、驅使他們尋找精神世界的願望之點。在這一階段，我們必須獲得戰勝我們的利己主義的力量，並超越它，因為這樣我們就能夠連接到更高的力量，而且我們靠近它的程度僅僅取決於我們和它品格等同的程度。

我們與更高的力量結合的方法是將那些有著共同精神目標的人連接在一起。雖然他們每個人都還受到自己的接受的願望的奴役，但他們都渴望超越它。這些人組成的這樣一種社會環境被定義為是一個「精神的環境」。有了它，一個人就可以衝破那堵將他或她與其他人分離的那個屏障。

　　雖然那些處在這個「精神環境」中的人仍然是利己主義者，但是無論如何，他們都正在盡他們最大的努力，創造一個結構類似於改正後的 Adam ha Rishon（亞當）的靈魂的結構。我們不可能做為個人單獨在這一項任務中取得成功，因為這個行動與人類利己主義的本性相矛盾。我們能做到的就是獲得一個足夠強烈的願望，並與其他人透過這個願望連接在一起。

　　這正是卡巴拉智慧適時出現的地方。卡巴拉著作描述靈魂改正後的狀態，以及這些狀態和那些墮落的狀態之間的區別。這種區別的關鍵就在於我們使用我們利己主義的本性的意圖。改正意味著我們改變了我們使用我們的接受的願望的目的——從以自我滿足為目的轉變成造福他人（創造者）為目的。

　　當我們正確地學習真正的卡巴拉時，我們開始描繪我們自己改正後的狀態。這種描繪將激發那些一直充滿著我們改正後的狀態的「光」來改正我們的靈魂。一旦「光」改正了我們的靈魂，「光」就會自動充滿它，我們也因此開始體驗到精神世界。

* * * * * *

　　在精神世界中，沒有時間，沒有空間，也沒有運動。那些更高的

世界指的並不是在字面的物理意義上超越我們。「提升」實際上意味著「重新獲得意識」。學習卡巴拉要求我們卸下我們所熟悉的這些世俗的感覺和認知的外衣，穿透物質內部，並進入到在背後控制它的那些力量中。

在精神世界，我們將從觀察這個現實的畫面轉向去瞭解那些繪製現實的力量。我們開始明白現實是如何被創造出來的，並且開始獲得能夠連接到創造這些現實畫面和最終控制它們的那些力量的能力。卡巴拉正是使我們能夠進入這個現實的「控制室」的那把鑰匙。

03
Secti★n

對現實的感知

03 對現實的感知

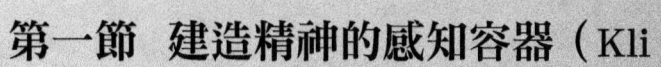

第一節　建造精神的感知容器（Kli）

1.1 建造感知容器（Kli）

我們工作的重點是這個感知容器（Kli）的建造。如果我們知道如何正確地建造我們感知的工具，我們將明白我們究竟在哪裡。正如我們在這本書的上一章中所說的，我們本質上是由一個接受喜悅和快樂的願望的實質所構成的。

如果我們可以使這個本質敏感地認識到什麼是接受，什麼是給予，我們將能夠使用它來對精神世界進行感知。這就類似於一塊生鐵被熔化鍛造和打造成一個引擎部件的過程。當它們被正確地裝配好時，它們就會變成一個有效的引擎。

同樣，我們必須鍛造我們自己，以便使我們能夠感知精神世界。建造這個精神的 Kli 更像是一個雕刻的過程，你必須雕刻原料，對它精雕細琢，直到你所期望的那個理想的形狀被雕琢出來為止。在這種情況下，我們的各種願望、我們的思想和意圖就是我們用來雕琢的原料。

創造者懷著要給它的創造物帶來利益的意圖創造了創造物。為了實現他的這個目標，他創造了一個感知容器（Kli），也就是一個接受的願望，去接受他想給予的利益。起初，這個願望還沒有成形。我們所有人的工作就是將這個接受的願望塑造成形，直到它被穿上它的

最終的形式——也就是給予的形式，即創造者的形式為止。

這個願望的本質仍舊和開始被創造時一樣，還是一種接受快樂的願望，但它把接受的意圖從接受轉變成為了給予，使它的形式與創造者的形式變得相似，因此，這個意圖就是那個形式。

卡巴拉著作描繪了一個人應該在這個接受的願望中建造出的那些形式，一個層次接一個層次地，直到最後能感覺到那些來自創造者的所有的利益。這個總的接受的願望包含有 613 種願望，而且在這每一個願望之上都要加上一個意圖：要就是為了接受的目的，或者是為了給予的目的。這些「蓋在」每個願望之上的形式是接受還是給予，決定了一個人在精神上的達成程度。

每個程度都代表著一個給予的形式的強度等級。這使得創造者想帶給創造物的利益按照創造物所在的層次顯現在其接受的願望中。在這個接受的願望中的各種各樣的填充狀態就是創造者的眾多名稱的由來。它們是由感知到創造者的個人，根據他或她在創造者的給予中感覺到的「滋味」而賦予創造者的名字。

一旦卡巴拉學家們達成（指徹底地瞭解）了現實的本性，並對它進行了徹底的研究，他們對現實的認知方式劃分為四個級別：物質、物質的形式、抽象的形式和本質。卡巴拉是一種實用的研究方法，引導研究人員全面地、系統地沿著進化的軌道前行。正如任何其他科學的方法一樣，卡巴拉告訴研究者去做什麼，期待什麼樣的結果，並闡述他們的理由。卡巴拉拒絕那些不能由個人獨立地在完全的知覺狀態

03 對現實的感知

下進行的抽象理論狀態的研究。

卡巴拉定義現實中可以認知的那些邊界範圍為：物質和物質的形式。在這些範圍內，現實可以被正確地感知。卡巴拉學家只是隱約地和不確定地感知到另外的兩種認知：也就是抽象的形式和本質。因此，卡巴拉根本就不從事這兩種認知形式的研究（實際上這也正是卡巴拉不同於哲學和宗教或其他教義的地方，它是完全建立在科學的實證方法基礎上的純粹的科學——譯者）。

這些認知邊界對物質世界和精神世界的研究都是同樣適用的，因為靈魂感知精神世界的方式和它感知物質世界的方式是一模一樣的。即使在我們的世界中，負責任的研究者和科學家也不從事那些抽象形式或本質的研究，而只探索物質和物質的形式。

1.2　感官的反應

我們存在於這個世界中，但我們不知道在我們的外部存在的是什麼。例如我們不知道什麼存在於我們的耳朵之外，我們不能識別在我們的耳鼓膜上造成壓力的那個「某種東西」是什麼。所有我們感覺到的只是我們自己對那個「某種東西」的反應。

因此，我們給一個外部現象定義的名稱，實際上代表的是我們對這個外部的現象的自己的反應。很有可能有不同的頻率或現象在我們的耳朵內產生。但是，我們的耳朵以一種獨特的方式對未知的外部的「某種東西」發生反應，而且也正是基於那個反應，我們定義了那個

現象。所有我們可以做的就是研究我們對那個外部現象的自己的反應，也就是發生在我們自己內部的東西。

因此可以說，我們對這個世界的感知是非常有限的。如果我們開始明白我們所看到的並不是在我們外部實際發生的事情，我們就可以用一種全新的方式對我們如何感知現實進行研究探討。事實上，有某種特定的本質控制著我們，但我們卻永遠無法感知到它真正的形式。我們能感覺到的只是我們的內部對它產生的反應。我們對世界的認知畫面是那些在我們內部產生的反應的總和，但我們卻沒有辦法知道在我們的外部存在的到底是什麼。

如果我們想要與現實正確地聯繫，我們必須承認我們這些感知的侷限性。我們不能欺騙自己，以為我們感知到的是現實的真正的畫面，因為我們並沒有真正感知到它的本質或它的抽象形式。我們只可以識別穿在我們自己的物質之中的形式。雖然令人遺憾的是我們必須限制我們自己，但事實就是如此。

正如我們已經說過，我們無法感知整個現實的畫面，我們得到的只能是對它的反應。我們也無法知道，我們感知到的在我們的物質中的這個形式和那個存在於我們外部的抽象的形式之間的差別有多大，並且去影響這個差別。

精神感知容器（Kli）感知精神現實的方式和我們感覺我們周圍的環境的方式是一樣的。這個感知容器（Kli）只能感覺它與在其自身內部的「光」的反應；感知「光」的這個感知容器（Kli）對於在感

03 對現實的感知

知容器（Kli）之外的「光」不能表示任何看法。

正是透過其內在的反應，這個感知容器（Kli）瞭解並確定「光」是什麼，一個感知容器（Kli）是什麼，「光」想從感知容器（Kli）得到什麼，以及感知容器（Kli）想從「光」那得到什麼等等。所有這些描述都與位於這個感知容器（Kli）外部的現象根本沒有聯繫。

巴拉蘇拉姆（Baal HaSulam）在他《對光輝之書的導讀》Preface to the Book of Zohar 一文中持續不斷地解釋了這些問題，這是因為卡巴拉只與建造一個用於感知現實的感知容器（Kli）有關：

例如，視覺使我們感知到的僅僅是那個可見的本質的不同陰暗，這些陰影是根據它們和「光」相對立而形成的。同樣的原理，聽覺感知到的只不過是在空氣中的一些本質的一個擊打的力量。因為這個力量使得空氣被排斥開，打擊到我們耳朵中的耳鼓上，從而使我們聽到在我們的周圍有一些本質存在。

嗅覺感覺到的也不過是從某個本質中輸出的空氣，它擊打在嗅覺神經上，因而我們聞到；同樣，味覺不過是我們的味覺神經接觸到本質而產生的某個結果。

因此，這四種感官提供給我們的都只不過是我們對源於本質的行為產生的某個反應，而不是那個本質本身。

甚至是帶給我們最強烈感覺的觸覺，它能區分冷與熱、硬和軟，所有這些感覺到的也不過是本質內部的行為的某個外在表現而已，它們都只不過是本質產生的某個事件。熱可變冷、冷可加熱；透過化學

的反應固體可轉為液體，液體可變成空氣，也就是氣體，而這個氣體是唯一我們五種感官可能感知不到的。然而，那個本質仍然存在，因為你可以再一次將氣體變成液體，或者再從液體變成固體。

因此，你可以很清楚地看到這五種感官都不能揭示給我們任何有關本質自身的任何東西，而只是本質的伴生事件以及本質的行為產生的外在的顯現而已。

——巴拉蘇拉姆（Yehuda Ashlag），《對光輝之書的導讀》，第12章節

因此，對現實的正確感知方式對我們極為重要。設定以上這些感知的邊界，並不是用來限制或削弱我們的知識，或阻止我們從事一些被禁止的事情。恰恰相反，當我們將自己與那些我們控制不了的事物分離時，我們可使自己免於陷入混淆。如果我們將自己限制在我們能夠控制的那些範圍內，我們將會感知到現實真正的畫面。嚴格遵照這個條件，能夠使我們沿著正確的方向前進。

在我們目前的狀態下，我們根本感知不到任何更高世界的「光」。這是因為我們自私自利的容器與那個利他的「光」是完全對立的。如果我們的容器能夠匹配「光」，也就是說，如果我們使自己這個接受的願望和「光」相匹配的話，我們將可能感知到它。這種「匹配的建立」被稱為「穿上」。「穿上」的意思是指在我們這個接受的願望之上獲得給予的意圖，而這種意圖一個人只能從「更高之光」那兒接受

03 對現實的感知

到。

為了從「更高之光」那兒接收到這個意圖，一個人必須有「一個心裏之點」或者說在接受的願望中有一個「光」的碎片。使用這個心裏之點，一個人可以開始培養自己的感知容器（Kli）和「光」之間的匹配。這個心裏之點是一個給予的意圖的碎片，透過它一個人可以開始使用整個「心」（願望的總和）的其他部分，也就是接受的願望的其餘部分。如果一個人可以透過給予的意圖，來使用自己的接受的願望，這就被視為「穿上『光』」。

讓我們回到剛才講的我們的聽覺的功能的方式：要想聽到，我們必須始終使我們自己和我們的環境之間的壓力保持平衡。為了平衡從外部產生的作用在我們耳膜上的壓力，一個微妙的機制從相反的方向，也就是從耳膜內部產生了一個相等的壓力。因此，表面上看，我們衡量的是外部的那個壓力，但事實上，我們是在測量我們自己內部產生的為了平衡那個外部壓力的內部的壓力。

我們所有的測量工具的工作原理都遵照這個相同的原則。我們可以使用彈簧機械量秤來演示這一原理。參與這項測量過程的有以下幾樣東西：一個彈簧、一個指標和需要被稱重的東西。將該東西放置在設備上，會產生一個向下的拉力（圖 13）。若要平衡這一向下的拉力，這個彈簧會向上拉。然後，這個秤的指標測量出這個彈簧產生的那個向上的拉力，並將這一拉力資料做為這個物體的重量讀出。對我們的內在感官機制產生的壓力的測量被定義為「測量物質的形式和物質」。

現在讓我們返回到精神的感知容器（Kli）。在精神世界中，物質的形式就是這個感知容器（Kli）對其外部的東西的反應，它被稱為「意圖」。物質（也就是接受的願望）用這個意圖來平衡來自上面，也就是創造者那兒來的東西。利用它，一個卡巴拉學家可以測量自己的意圖同創造者對他或她的意圖的相似的程度。

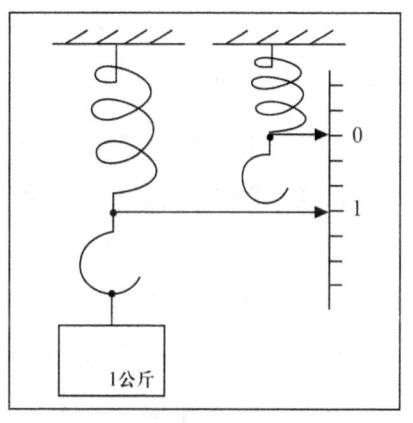

【圖13 稱重原理示意圖】

一個卡巴拉學家感知到這個接受喜悅和快樂的願望的全部的範圍。如果這個卡巴拉學家可以出於給予的意圖而去使用他的接受的願望的一部分的話，這已經算是一種精神的行為。這是因為出於給予的意圖而使用接受的願望的任何一部分，意味著他或她已就此平衡了來自創造者的壓力。這樣一種行為被稱為是「建造一個精神的Partzuf」（臉），Partzuf一詞用於表示創造者與創造物之間，也就是Kli（感知容器）與「光」之間的等同性的一種度量。

卡巴拉學家使用Partzufim（Partzuf的複數）來測試創造者想要給予創造物多少快樂，以及創造物有多少快樂能夠返還給創造者。例如，如果一個人可以運用的給予的意圖的強度能使20%的「光」進入其中時，其餘的80%的「光」將被拒絕出去而沒有被接受。換言之，一個人在這種情況下，只可以用20%的接受的願望去和創造者平衡。

03 對現實的感知

這就是為什麼那個人不會啟動那剩餘 80% 的接受的願望的原因,並且將會限制它們。

我們對創造者的感知取決於我們施加在我們的物質——也就是接受的願望上的意圖的強度。就像前面那個例子中的重量和彈簧,我們除了測量我們自己的意圖之外,不能測量其他任何東西。給予的意圖就是我們要測量的那個形式,因而,卡巴拉學家用術語「形成式學習」(Formative Learning)來描述我們是如何進行學習的。

我們通常將這個給予的意圖稱為「第六感」。這個術語強調的是,透過這個給予的意圖,一個人就可以感知到超出我們五個自然感官的感知能力之外的東西。

我們的第六感的工作原理和我們的五官一樣。它們之間唯一的區別是那原始的五種感官是自然地存在於我們的身體中,而這個第六感卻是一種我們必須靠自己來建造的新的感官。儘管自然感官的敏感性可能因年齡或其他元素的不同而各異,但是一般來講,我們天生就擁有五個可以正常工作的感官。

如前所述,我們必須靠自己來建立這個第六感。這是因為第六感並不是這個術語通常含意上的那種感官,它其實更是一種意圖。我們的任務是研究創造者用於給予的那些形式,當我們能夠獨立自主地去操作同樣的行為時,我們把自己建造成為以我們自己的意願存在的「創造物」。而這正是人類和所有其他創造物之間的區別。

1.3　建造正確的形式

　　精神世界對我們來講是隱藏著的。因此，我們不知道如何正確地調適我們的感知工具，以便能夠正確地感知精神世界；我們甚至不知道什麼是我們必須感知的。正是這樣的原因，卡巴拉學家幫助我們，並為我們提供建議，告訴我們應如何定位我們的感知工具，以便我們可以感知到「更高之光」。

　　卡巴拉學家說「更高之光」是抽象的。但是，這並不意味著人類可能創建的任何形式都能夠使他們感知到有關「更高之光」的任何東西。只有當一個人將他或她的 Kli 調整為適合於為了實現這個目的的那 125 種形式之一時，對「更高之光」的感知才是可能的。

　　因此，通往精神世界的階梯由 125 級組成。每一級都代表了一個人的感知容器（Kli）可以接收到「光」的更高的一個形式。卡巴拉學家告訴我們如何能夠定位這些形式，研究它們，並將它們應用在我們的物質即願望上。他們也教我們，如何將我們的接受的願望設計成這樣一種方式，使得我們自己可以在「更高之光」面前用「適合」「光」的形式來「展示我們自己」。

　　即使在這個有形的物質世界的層面，各種現象也以類似的方式呈現自己的形式。許多研究人員的研究表明：只要一種外部現象呈現出的形式沒有和一個人的頭腦中已經紀錄存在著的形式相似的話，那個人就不可能感知到那種現象。

　　在 What the Bleep Do We Know ?《我們到底知道什麼？》這部電影中，提供了一個很好的例子幫助我們瞭解這一概念。這個例子講述

03 對現實的感知

的是一個印第安人看到哥倫布的船隊到達美洲大陸海岸時的故事。

故事提到當時的印第安人站在海邊，但其實卻看不到離他們不遠的岸邊正在下錨的船舶。那個薩滿教巫師，一個富有想像力的人，對那些沒有任何明顯的原因造成的不尋常的海浪的運動感到困惑。他凝視著水面幾個小時想弄清到底是什麼導致了那些水面的波浪。

他透過他的努力，終於設法辨別出產生這些不尋常波浪的東西，因此他才能夠看到那些船隻。隨後，他將自己所看到的形容給他部落裡的其他人，因為他們信任他，他們也成功地在大腦中創建出這些船舶的形式，直到他們也全都看到了哥倫布的船隻。

卡巴拉則更進一步斷言，在人的頭腦之外不存在任何東西。在巫師的頭腦中創建出的那個船舶的模型為他構造出了船的畫面，而巫師認為這個船是在他的外部存在著的。實際上，在我們的外部根本不存在任何船隻，這只是因為我們習慣性地將在我們頭腦中感知到的現實畫面看成是獨立地存在於一個外部現實當中，我們也正是這樣進行日常的發現的。然而，卡巴拉學家說，所有的創新只不過是在我們自己的頭腦裡面形成的一些新的模型而已。

一旦我們獲得了一個現實的真正的畫面，我們就會覺得以前的畫面完全是虛假的，就好像做了一場夢一般。如果想要感知那個真實的現實，我們必須在我們內部建立起那些真正的模型。這正是我們講的，從這個虛幻的世界攀升到那個真實的世界的意思。其實，這也正是為什麼人類被給予了卡巴拉智慧的原因，它在我們內部喚起這些真正的模型。

第二節 感知模式

2.1 學習模式

無論我們所處的狀態的程度如何,我們的感知工具永遠感知不到那個本質。雖然我們感知的確實就是那個本質,但我們只可以透過我們自己的物質去感知它,而且,我們甚至不能想像那個本質本身到底是個什麼樣子。此外,我們甚至無法想要去感知那個本質。

例如,我們當中沒有人會認為一個額外的第六個手指是受歡迎的。但是,如果我們可以想像我們曾經擁有一個六個指頭的手,而且使用這隻特別的手我們可以做一些我們今天還不能做的事情,那麼我們可能就會去談論需要這第六個手指。但如果我們從來就沒有過這樣一個額外的手指,我們甚至無法想像它到底會為我們提供什麼利益。這就是為什麼我們永遠也不會想要第六個手指的原因。

同樣,由於我們從來沒有感覺過一個本質,我們無法想要去感知那個本質。對我們來講,物質的達成,即在我們的物質(接受的願望)中感知到那個本質(「光」)的行為的呈現形式,已經令我們相當滿意了。

上面的討論引發一個重要的問題:如果我們不能感知那個本質,那麼卡巴拉學家又怎麼知道它是存在著的呢?現在,我們先將這個問題放在一邊暫不作答,但我們保證以後會回到這個問題上來。

03 對現實的感知

　　　　＊　＊　＊　＊　＊

　　這個接受的願望就是我們的物質。它被劃分為五個等級。當這個接受的願望和給予的意圖結合在一起時，它呈現出不同的形式，從與創造者最對立的形式，提升到創造者本身的形式。當我們在精神世界裡不斷演變時，我們逐步研究物質（接受的願望）可能具有的所有品格。而這就被稱為「形成式學習」。

　　我們對於獲得「穿」在物質中的那些給予的形式有著一個真正的願望，之所以說它是一個真正的願望，是因為它原本有過一個這種形式的願望，而現在卻沒有了。

　　我們的物質，也就是這個接受的願望，在最開始時，是以一個正確的形式被創造出來的，也就是開始時它有著給予的形式，後來被翻轉成為了這個接受的形式。透過我們自己的努力重新獲得給予的形式，正是我們的改正的本質之所在。這一改正過程應該使用當我們原先擁有給予的形式時的那個相同的模式進行，而且它是完全建立在一種可操作的實行基礎上的。因此，這個過程是完全可靠的。

　　然而，哲學從事的正是對從物質中抽象出來的理想化概念的研究。它採用了和卡巴拉完全對立的方法，因為它是建立在研究那些抽象形式的基礎上的。哲學討論諸如真理、謊言、憤怒和英勇等等的性質，但又不和具體事物相關聯，將抽象的形式定義為諸如「真理是好的，謊言是不好的」等等。這產生一種不好的影響，導致人們將這些口號看做是理想並狂熱地堅持它們。

巴拉蘇拉姆（Baal HaSulam）引用了一個寓言來說明這一道理，這則寓言講到一個看重真理的品格的人，當他遇到一個可以拯救一名瀕臨死亡的人的機會時，他選擇了不去救這個人，因為這麼做涉及在說謊。

　　這個寓言給我們演示了從事抽象形式的研究的錯誤所在，因為當一個特定的品格沒有被「穿」在物質之中時，我們沒有辦法去判斷它是好的還是壞的。只有當那個形式被「穿」在物質中時，我們才可以確定它是有利於物質的進化，還是對它不利。唯一的判定標準是物質的進化是否朝向其被創造的目的的那個方向發展。

＊　＊　＊　＊　＊　＊

　　如果說我們有可能錯誤地想像那些抽象的形式的話，那麼本質則是我們完全無法想像的東西。我們只是在邏輯上假定在「穿」在物質的形式以及抽象的形式背後，存在著一個維繫所有其他形式的基礎，我們把它稱為「本質」。

　　因此，我們看到我們的能力是有限的，我們只可以到達物質和「穿」在物質身上的形式這兩個認知層面。當然，我們不可避免地會去問：為什麼創造者不在創造我們時就為我們創造出那個能夠感知抽象形式與本質的能力呢？

　　對這個問題的答案很簡單：如果我們能達成（完全理解）抽象的形式和本質的話，我們就會看到那個本質包含在一切事物中，從最初的狀態到最後的狀態都控制著一切事物。這樣一種清晰的畫面會剝奪

03 對現實的感知

我們自由選擇的那種感覺，它會阻止我們研究學習創造者的形象，並在我們內部構建它。

在闡明我們的感知容器（Kli）外部不存在任何東西之後，我們現在可以從感知現實的模式的角度，定義「這個世界」與「更高的世界」到底是什麼。「這個世界」是當我們的一切工作努力都是為了接受時，在我們的感知容器（Kli）內部形成的對現實的一種感知。而「更高的世界」則是當我們所做的一切都是為了無私利他地給予時，在我們的感知容器（Kli）內部形成的對現實的一種感知。

2.2　完整的畫面

卡巴拉學家只描述那些在他們的容器內部確實達成的一切，也就是物質的形式和物質。物質就是接受的願望，而物質的形式則是「穿」在這個接受的願望內的給予的形式。事實上，這個創造物始終都在感知著那副完整的畫面。但問題是，我們對被揭示的東西能夠有多確定？

例如，當我們感知某個特定的圖片時，我們如何知道我們正在感知呢？對這幅圖片的感知的哪一部分我們是確定的，哪一部分我們又是不確定的呢？由於我們的感知工具的能力是有限的，我們無法確定。也許，我們正在觀察的現實的景象在我們前面展示的是一個平川時，而事實上，就在我們腳的下方有一個我們看不見的鴻溝。我們下一步會把我們自己扔進那個深淵嗎？

如果上面的例子似乎不太可能發生，那麼下面的這個例子將澄清這一事實：如果沒有輻射計量探測器，我們將如何能夠探測到輻射呢？我們很容易就會不知不覺地走進受輻射污染的地區。

我們無法建造工具來幫助我們判斷在精神世界什麼不值得信任或者什麼值得信任的內容。我們能夠依賴什麼或者不能夠依賴什麼，這之間的差異取決於我們能夠控制的不同工具的差異。

對抽象的形式與本質的感知的達成，被認為是一種不確定的達成。這是因為它們是透過「外部的容器」，而不是透過「內部的容器」而感知到的，雖然我們確實在它們中感覺到被稱為「一個遙遠的光亮」的某種東西。這種光亮誘導出某種東西存在著的感覺，但它並沒有被我們的感官清晰地感知到。這就回答了前面提到的問題：卡巴拉學家是如何瞭解到抽象形式與本質的存在的呢？

* * * * * *

我們應該強調的是尋找到從這個世界通往精神世界的入口的道路不是一蹴而就的直接行動。這更像是在一個封閉的圓球中尋找一個出口。雖然這個出口就在某一位置，它卻只有在經過360度全方位的搜索之後才能被找到。

若要在我們的內部創建出創造者的形式，我們必須首先知道所有與它相反的那些形式。假如創造者在我們外部有一個清晰的形象，我們將能夠立即適合它，並因此結束這個進程。但是，沒有這樣的形象存在於我們的外部，它需要我們在自己的物質之內創建出創造者的形

03 對現實的感知

象。我們必須首先理解與創造者相反的形式,只有到那時,我們才可以建立與創造者類似的形式。所有畫面的總和將為我們構建出創造者的形象。

2.3　創建認知模型

讓我們再簡短地返回到哥倫布的船隻那個例子。那個巫師之所以無法探測到那些船舶,是因為在他的頭腦中,不存在這麼一個大的「浮動房子」的模型。用卡巴拉語言表達,我們會說他不具備探測這個形式的感知容器(Kli)。為了使巫師能夠發現到那個船隻,這個船的形式必須事先存在於他的腦海中,他才能夠用腦海中的形式與觀察到的形式進行比較。然後,他在之前預先存在的模型,和他在外面看到的這艘船之間的形式等同性的基礎上,才會將它識別為一條船。

但是,為了能夠感覺到精神的現實,我們必須遇到能告訴我們有關它的模型的人。因此,卡巴拉學家寫下他們的著作。我們可以使用這些著作描繪存在於我們外部的是什麼,並且在我們內部逐步創建出那些精神的形式或模式。

我們這樣在自己內部建立的模式無疑將是虛假的,但正是這種努力和渴求會使得「光」影響我們,「光」會逐步在我們內部建造出一個與它自己的形式越來越接近的形式,直到我們開始發現那個實際的「光」。這是向精神世界前行的唯一方法,因為只有「光」可以在我們內部建造出這些感知的容器。事實上,甚至現在我們都不能想像發

生在我們周圍的究竟是什麼。我們被那些我們目前還由於缺乏與它們的形式等同而無法感知到的世界和各種力量所環繞著。

2.4 一個山頂洞人在當今的世界

如果我們對有關印第安人和哥倫布的船隻再多思考一下，我們可能會問這樣的一個問題：如果一個原始的山頂洞人出生在當今的世界中，他會看到各種車輛及建築物嗎？答案是，他不會；那如果他沒有走在人行道上的話，他會撞到建築物或被一輛車撞傷嗎？

在我們回答這些問題之前，我們必須明白我們只能感知到那些我們的感官已被裝備好有能力檢測到的那些形式。例如，圍繞我們的空氣看起來好像是空無一物，但實際上它們可能像水泥一樣稠密而且可能是固體狀的。我們已經習慣將這個世界做為一個我們可以自由在其中移動的空間看待。但如果我們生成適當的感知的工具的話，我們將會感知到這個世界其實充滿了創造者的各種巨大的力量，它不允許我們有任何自由的移動。如果我們具備了這樣的感知，我們會覺得完全受到創造者的控制，就好像我們被「栽種」在水泥中，甚至無法做出一個自由的手勢。

因為山頂洞人還不具備那個將這個牆，感知為物質或物質中的形式的感官，因此他能夠穿過牆壁，它們對他來講就像是空氣一樣。卡巴拉學家希望指引我們的觀察，以便我們可以正確地感知這個世界。如果我們能夠使自己只是超越對這個世界的普通的感知一點點，並進

03 對現實的感知

入卡巴拉學家描述的那種真正的感知的話，這個世界對我們來講，似乎會變得非常奇怪。

今天，許多量子物理學家發現這個世界上的時間、空間和運動有一個「奇異」的規律性。例如，他們說物體在同一個時間點可以存在於多個位置中。這種奇異現象使得他們認為，對一切事物的觀察測量都是相對於觀察者而言的。這意味著山頂洞人的這個牆存在或不存在，以及是否有能力透過它，都僅僅取決於這個觀察者本身的感知容器的狀態。

我們與生俱來帶著這五種感知工具——天生的五官來到這個世界，而且這些感官一代接一代地在進化著。每個嬰兒一出生就被這個環境包圍著。這樣一來，在我們成長時，我們把周圍的事物感知為固定不變的事實，被我們的五種感官感知為那些在物質中的形式。

然而，即使我們透過這五種感官得到的感知，也只反映了我們自己的感官所投射出的事物，沒有其他更多的。我自己就是這些建築、汽車，這個地球、這個宇宙和我的整個現實的創造者。我在我的感覺中，在我的感知容器中，創造了它們。在我之外，它們是無形的。

很難將我們自己和我們天然的感知分離。看起來只有當我們穿越壁壘，進入到精神世界後，我們才有可能對現實有不同的看法。只有到那時，我們才瞭解事情與它們最初看上去的可能有所不同。

例如，我們不能穿過牆壁，是因為我們由我們自己創造的那個完全相同的規則所控制著。但是「更高之光」是抽象的，是我們自己限

制了它。在現實中只有一個唯一的法則:「形式等同的法則」,我們使自己的形式越等同於「光」的形式,我們就變得越解放,越不受限制。

我們這個接受的願望被分裂為 613 個願望。根據我們的形式與「光」的形式之間的不同,我們在每個願望周圍豎起了邊界。所有這些限制的總和塑造出了我們內在的感知工具的形態,而那個感知工具反過來又描繪出我們對這個現實的圖像。

如果我們考慮一下無線收音機的工作原理,我們就很容易理解這個形式等同的法則。一個收音機只有在其內部建立起和其外部的波段相同的頻率時,它才能夠「挑選」出那些音波。同樣地,我們也只是在「揀選」那些似乎存在於我們外部的事物,但卻只能按照在我們內部已經創建好的東西,並根據「形式等同」的原理「揀選」到那些相應的部分,並把它們當作是「真實」的現實對待。

這個形式等同性的法則是恆定不變的,並限定著整個的現實。它對利己主義和利他主義的容器同樣有效。換言之,我們感知物質世界的現實和精神世界的現實的原理是完全相同的一種方式,都是透過形式等同性的法則。這兩種容器之間的唯一區別在於它們的方向:其中一個目的是指向自我,另一個則朝向創造者。然而,利己主義的感知容器的存在只允許極少數的感知容器可以被感覺到。

量子物理學家正在開始發現超越某些特定的邊界之外,這個世界似乎「消失」了。卡巴拉學家數千年前就有關於這類「發現」的描述。

03 對現實的感知

他們解釋說，超越這個邊界，物理形態的物質和其形狀就消失了，只有超越物質以上的力量和形態繼續存在。若想繼續研究超越這個邊界之外的事物，研究人員只有先獲得相應的利他主義的感知容器，他才有可能對其進一步進行研究。

卡巴拉學家描述對待現實的正確態度的基本規則比科學家曾經想到的都要深入得多。而且，只有當這些規則已經被應用後，才有可能在對現實的認知與研究方面取得進展。

卡巴拉被一直隱藏到最近才出現的原因是因為以前的人類還沒有準備好正確地去理解它。當代科學的成就已經為我們去理解卡巴拉智慧做好了一些鋪墊準備工作。這就是為什麼卡巴拉在今天才重新被揭示的原因。

讓我們再回到那個誤入我們這個時代的山頂洞人。我們會傾向於認為我們的感知容器比他的更豐富，因為我們可以看到對他來說不存在的那些形式。

然而，這是一個錯誤：與山頂洞人相比，我們確實已經進化發展出並獲得了更多的形式的印象，我們建立了更多（利己主義）的感知容器，但是這些感知容器實際上是更多地限制了我們。我們感知的這些物質的形式對山頂洞人來講是一些抽象的形式；它們對他來說，並不存在，因此，也不會對他產生限制。

在將來，我們會發現我們「獲得」越多，我們限制我們自己的就越多。我們透過獲得各種形式和建造越來越多的結構取得進展，但

是，最終這些結構將在現實的每一個層面限制我們並向我們展示其實我們根本就沒有自由。

隨著我們的發展，我們從環境中吸收了大量的印象：我們的父母、老師、朋友和各種經驗。這些印象使我們根據我們內在的「自我編程」（self-programming）來看待現實。因此，現實不過是我們內部的軟體生成的一種投影而已，它並不存在於我們內部的感知容器之外。現實是我們的想像力虛構出來的作品，只不過是我們的頭腦將其塑造成它好像就存在於我們的外部。

同物質的現實一樣，精神的現實也不存在於我們的外部，它真的只不過是穿在一個感知容器（Kli）中的「光」。脫離了Kli（感知容器）之外的只不過是抽象的、無形的「光」，而所有我們真正在談論的是將那些形式應用到這個接受的願望中。

卡巴拉學家指出，在精神現實中，接受的願望可以採納一個有限數量的離散的形式，透過將所有這些形式連接在一起，我們能夠感知到「光」對我們的連續的影響，而這正是創造者的最初的形象。

物質現實是一個複製品，是精神世界的一個投影，就像從一個根長出的一個分枝。因此，在物質世界中的展現過程與精神發展的過程非常類似。這個利己主義的接受的願望可以呈現一個有限數量的形式，之後其物質消失了──這類似於研究人員今日正在發現的。

在一個人建立了很多形式後，這些形式將變成單一的一種給予或「一」種接受的形式。這是被稱為改正結束（Gmar Tikkun）的精神

03 對現實的感知

狀態的一個投影。Gmar Tikkun 是一種精神狀態，它發生在感知容器（Kli）將「光」的所有那些給予的形式都「穿」在其中之後。在這樣的一個狀態下，「光」和感知容器（Kli）變得完全形式等同。

使我們的感知容器能夠加速建造它目前欠缺的形式的唯一方法是，透過選擇可以幫助其取得精神進步的適當的環境。這樣一種環境促使一個人「想像」在卡巴拉著作中所描述的「光」的各種給予的形式，並因而導致「光」對處於這種環境中的一個人的靈魂產生作用。然後反過來，這個「光」將生成「感測器」來探測那些給予的形式。

事實上，這個「光」就是使其中一切事物「消失」的那同一個抽象的形式，正如量子物理學已經發現的那樣。這個抽象的形式將那個給予的形式投射到這個接受的願望中，而做為一個結果，感知它的那些「感測器」開始在我們內部形成那個圖像。

卡巴拉學家把這個「光」定義為「改正之光」，因為它在我們內部創建出那個給予的形式，並因此將我們帶向越來越完美的狀態。

今天，許多研究人員相信在最根本的層面上，我們所有人都是一個整體，而且，連接我們的應該就是愛。然而，這些研究人員找不到一個方法來實現這個理想，因為獲得這個改正的力量必須從「另一邊」——從愛的那一邊吸引到我們這邊。而這只可能透過對卡巴拉的研究學習而獲得。

最終，研究人員將發現物質將完全消失，唯一存在的東西將只會是純粹的思想，但他們沒有辦法超越那裡再進一步。他們會感覺到超

越我們自己的存在之上，有另一種存在，在那裡我們的物質與我們現在的物質正好相反，並且我們在完美的團結中連接在一起。然而，要想獲得那個存在的形式的方法，也就是如何到達量子理論揭示的那個「另一邊」的領域，卻只能由那些已經達到「那裡」的卡巴拉學家們來教導我們。

要想衝破物質世界和精神世界之間的那個壁壘，不透過吸引在卡巴拉著作中才能找到的「光」是不可能實現的，因為這些卡巴拉著作是從「另一邊」寫就的唯一的著作。一個人想「到達那裡」的渴望，結合對正確的卡巴拉著作的學習將吸引「光」作用於這個人，並在那個人的靈魂中生成那些在其中可以感知到精神世界的那些形式。正像那個薩滿教巫師必須建立正確的形式以看見那些哥倫布的船隻一樣，我們也必須建造那些給予的形式以便存在於精神世界中。

03 對現實的感知

第三節　重獲意識

3.1　我們和這個世界

從出生開始，我們就與生俱來有著感知物質現實的工具。在這些工具中包含著我們命中註定要實現的那些狀態和形式的「資訊位元」—Reshimot。透過教育及環境的影響，我們的工具逐漸發展直到我們具有對物質現實的「正常」的感知。

但是，這不是對精神現實的感知的情況。我們在透過什麼來檢驗我們是否在正確地建造著我們內在的感知容器方面還沒有標準，以揭示出給予的品格和對精神現實的發現。

我們不知道如何應對我們的願望，我們應該如何塑造它們，以及我們應該以哪種意圖準備它們。為了在此任務中協助我們，卡巴拉學家為我們提供了那些必須的定義。他們教我們如何可以調校我們的感知工具，以便感知精神的現實。

我們以一種預先決定好了的方式感知著物質現實，從出生到長大，我們沒有被要求在這件事上參與我們的意見。在我們內部形成物質世界的感知模式，使我們在變得成熟時感覺到那個 Ein　Sof 無限世界的「光」。「光」實際上一直站在我們的對面，在我們和我們周圍的世界都存在其中的物質現實的對立面。

然而，對精神現實而言，沒有任何東西是被預先設定的。我們必須找出我們自己感知精神世界的方法，只有那些我們將要建造的工具可以使我們每個人都瞭解創造者——那個創造並影響著所有一切的更高的力量。

我們應該時刻記住，現實是在我們內部被建造的。我們內部的品格在抽象的「光」上投射出一個「陰影」，從而創造出我們的世界的畫面，包括精神世界的畫面以及物質世界的畫面。因此，感知創造者的方式完全取決於我們自己的內在品格。

* * * * * *

卡巴拉智慧已經維持了它的這種關於感知現實的立場數千年。相反，科學對這一方法的探求則經歷了幾個關鍵階段。

經典的認知論，其主要宣導者就是艾薩克·牛頓，他指出這個世界本身就存在著，不管我們是否在那裡感知它。隨著生物學的發展，使得我們能夠瞭解到，從其他生物的眼光看到的世界是什麼樣的。我們發現，不同的動物感知到的這同一個世界的畫面之間卻存在著巨大的不同。

例如，一隻蜜蜂看到數以萬計的圖片，這些圖片組合在一起構築成為它所感知到的圍繞著它的有關這個世界的圖像；一隻狗把世界主要感知成為「氣味點」。然後，愛因斯坦發現改變這個觀測者的速度將產生一個根本不同的現實畫面。

所有這些發現，開啟了認知世界的第二種新的方法，這種方法聲

03 對現實的感知

稱世界的畫面取決於它的觀察者。有著不同品格和感官的觀察者感知到的世界的畫面是不同的。因此，這種方法和第一種觀察方法同樣認為，這個世界仍然是獨立存在著的，不論這個觀察者存在與否。而第一和第二個方法之間的區別在於：在不同的觀察者眼中，世界看起來是不一樣的。

隨後發展出的第三種方法則主張說，這個觀察者同時影響著這個世界，並因此影響觀察者感知到的那幅畫面。根據這第三個學派，對現實的感知畫面就像是一幅平均的圖像，是這個觀察者的屬性與被觀察的物件的屬性之間的一個平均值。

換言之，觀察者之所以將某種事物感知為某種特定的方式，是因為正是這個觀察者相對於這個世界的實際品格而言被建造成了那樣。這種方法斷言：從觀察者影響著他或她感知的世界的畫面這層意義上來說，在個人和世界之間存在著某種關聯。

第二種和第三種方法之間的區別如下：第二種方法指出，我們不會影響這個世界，這個世界的畫面在我們的眼睛中改變，是因為我們改變；而第三種方法指出，我們確實會影響這個世界，但我們對世界的認知是這個世界的品格和我們個人的品格的一個組合。今天，有些研究者甚至聲稱有著無限的可能性，觀察者根據他或她的品格去「選擇」感知。

這最後一種方法相當接近於卡巴拉的方法。它與卡巴拉之間的根本差異在於對「世界的存在」的定義的不同。這種方法認為，世界有

著無限可能的存在形式，這取決於如果我以某種方式操作，世界將會相應地「反應」的假設。

卡巴拉方法則指出這個世界是完全抽象的，它沒有任何的形式。在我們的外部，除了一個永遠不會改變的、抽象的「光」之外，沒有其他任何東西。即使我們追隨「光」而改變自己，並感知到它的一部分，這也不會對「光」本身產生任何變化。所有我們所感知到的，只不過是我們自己內部的品格和「光」之間的重合點而已，沒有其他的。

到目前為止，從所有我們已經闡述過的內容中，我們能夠看到我們真正的生活和我們感知它的方式是非常不同的。我們每個人感知的現實的畫面完全取決於我們內在的品格。這畫面是我們自己的品格投射在抽象的「光」上被創建出來的。

其實，我們的生活是發生在我們內部的一切的一個分支衍生結果，知道這個事實對我們有著深遠的內涵：我們經歷的所有過程，甚至包括生和死，都是我們的感知容器的直接結果。此外，是否要改變它們由我們自己來決定。改變我們的感知容器，將使我們能夠從一個世界切換到另一個世界，從一個現實切換到另一個現實。這樣，我們可以到達存在的最高層次。在那種狀態下，我們將完全和那個抽象的「光」融為一體。

03 對現實的感知

3.2 體驗 Ein Sof 無限世界

感知物質現實的容器和感知精神現實的容器之間存在的唯一的區別在於意圖的不同。物質的容器是自私自利的，而精神的容器則是利他的。「意圖」指的是一個人使用自己的願望的態度和目的。

唯一真正存在的狀態就是無限（Ein Sof）的狀態。在那種狀態中，「光」呈現在感知容器（Kli）內部。但是，這種狀態是隱藏著的，而且這種隱藏阻止了我們體驗無限（Ein Sof）的狀態。這種利他的意圖逐步將這種隱藏的狀態移除，並顯露出那個一直充滿在感知容器（Kli）之中的「光」。

如果我們牢記這種描述，我們會記住：在容器之外我們永遠不會揭示任何「光」。當卡巴拉學家說那「光」進入或離開感知容器（Kli）的時候，他們想要強調的是一個人如何被拉近以到達恆定不變的狀態的過程。在卡巴拉術語中，Ein Sof 是一種「完全靜止」的狀態，意味著它是不變的。我們的工作是逐步準備好我們的感知工具以感知到那個狀態。因此，唯一要做的是改變我們自己的感知能力。

當「光」「穿」在一個人身上時，這個人會感覺到「光」是如何逐漸進入的，當一個人被喚醒去感知「光」時，這種永恆的狀態逐漸變得越來越清晰。事實上，「光」實際上從來沒有實際進入，也從來沒有真正退出。它只是變得更清晰和更明顯，也就是說，被越來越多地揭示出來，隱藏的越來越少。

當「光」在感知容器（Kli）中變得越來越明顯時，它向我們展示，

我們實際上一直存在於那個無限的 Ein Sof 世界中，在一個永恆的狀態中，並且，我們必須瞭解這是我們唯一存在的狀態。因此，那個抽象的形式根本就不存在。創造感知容器（Kli）的「光」在創造的同時，就立刻充滿了它。在這個感知容器（Kli）的創造以及對它的填充之間沒有任何的時間差。當卡巴拉學家說「光」從創造者那兒發出時，他們是指已經有一個被它充滿著的感知容器（Kli）。

我們絕不能忘記，跟我們與時間相關的語言不同的是，在精神世界裡沒有時間的概念。這就是為什麼雖然我們說一個 Kli（容器）先被創造，然後被填充，但在精神世界中，這些階段是同時發生的，開始和結束都發生在同一點上。

因此，抽象的形式確實是不存在的，因為這個形式或者「光」，已經被穿在並充滿在它的感知容器（Kli）中了。我們的想像力可以將 Kli（容器）和「光」分開。我們也可以假定在感知容器（Kli）中的「光」可能存在於這個感知容器（Kli）的外部，雖然我們對感知容器（Kli）外部的東西沒有任何感知。

讓我們嘗試演示這個概念：假設有一個感知容器（Kli），在其中我可以感知到整個的現實。此外，假定有另外一個感知容器（Kli），在其中我只感知到一部分的現實；再有另一個感知容器（Kli），在其中我無法感知到任何的現實。改正我的感知容器屬於一種對它的擴張，使之從小變大，再到更大的一種擴展。如果我說「光」充滿我的容器，這並不意味著它在之前並沒有充滿它，而是現在我在實際發生的事實中，發現了這個現實。

03 對現實的感知

我們可以用一個昏迷的病人慢慢地恢復他的知覺的過程來類比這個過程。他的親屬和朋友包圍著他，等著他醒來，當他慢慢睜開了他的眼睛，他就開始認識到他的所在。從病人的角度來看，好像是現實「來到他面前」，並充滿他感知的容器，因為我們都是從做為接受者的角度來衡量一切的。

Ein Sof，這個術語與位於創造物之外的任何東西都無關。它與創造的思想有關。創造物的這種最終的形式已經呈現在創造的思想中。所有的創造物，無一例外，都已經處在那種狀態中，帶著他們所有的填充。我們目前的這個狀態被稱為是「想像的狀態」。我們就是那位昏迷不醒的病人，認為我們以某種特定方式存在著，並且我們是在逐漸覺醒過來開始看到真正的現實。在這個過程的最後，每個創造物都將完全意識到其真正的存在狀態。

巴拉蘇拉姆（Baal HaSulam）在他的《對光輝之書的導讀》（Introduction to the Book of Zohar）的著作中，描述了靈魂被徹底喚醒到他們的真實狀態的過程中經歷的三種狀態。第一個狀態是創造的開始，它包含了以後會演變發展的所有一切；第二個狀態是靈魂的誕生；第三個狀態是當靈魂獲得已經存在於第一個狀態的一切的時候。換言之，第一個狀態是指這些靈魂潛在的存在狀態；在第二個狀態，這些靈魂處於一種無意識狀態，而在第三個狀態，這些靈魂返回到它們的最初狀態。

我們都習慣了我們這樣的一種行為方式，我們先決定做一些事情，然後執行我們的決定，並在我們的執行的最後收穫預期的結果。

然而，創造者卻是完整的。因此，對他來講，在決定和執行之間沒有區別。對創造者來講，時間的概念，並不適用於它。這就是為什麼我們說在他的創造的思想中，想給他的創造物帶來利益的念頭，從開始、中間到結束全都不可分割地結合在一起。只不過是因為我們的感知將這個思想劃分成了三個層面。

時間的概念只適用於創造物，因為我們還沒有被改正。我們的存在有三個階段：（1）墮落階段；（2）改正的準備和改正階段；（3）形式等同和充滿階段。這一系列的行為創造出了我們對時間的感覺。

當精神基因（Reshimot）在我們內部浮現出來時，它們使我們想要並思考不同的事情。當 Reshimot 變化時，我的思想也隨之改變。一分鐘前我的思想和我現在的思想之間的區別產生出時間在經過的感覺。當我們的思想和願望慢慢改變時，我們感覺時間在「爬行」。相反，當新的思想和新的慾望在我們的腦海中非常快速地彈出時，我們感覺時間好像在「飛逝」。

透過獲得第一個精神的層次，我們覺得我們處於一個精神發展的過程中，也就是處於一種精神的時間中。在那種狀態下，我們不再感覺物理的時間，並完全處於精神的過程中，在那裡時間是以我們與創造者之間的連接有關的行動和變化來衡量的。

從我們（現在是指在精神世界中的卡巴拉學家）到創造者之間那些往復的「信號」創造出了時間的感覺。它不再是我們花在我們有形的身體中的年月的一個問題。當所有 Reshimot 都已浮現出來，被改

正,並且被所有的「光」充滿時,各種狀態之間的交替就會停止。因為不再有需要填充的缺乏之處,我們將處於一種完美的狀態中,我們對時間、空間和運動的感覺同樣也將終止。

3.3 建造一個房屋

讓我們用一個簡單例子可以簡化理解這個創造的過程:一個想蓋一座房子的人,首先會勾畫出其最終的形狀;此後,這個人必須仔細規劃工作的每一階段,然後執行它們。

這不是創造者的情況。當創造者一想到要創造這個創造物,在想到的那一刻,它就已經完成了,並且它們是以自身正確的改正的形式出現的。因此,從創造者的角度看,我們一直是在以我們已改正的形式存在著。即使我們是逐漸發現我們這種真實的狀態,也不會對它產生區別。

因此,當我們想接受力量時,我們轉向那個我們稱之為「創造者」的 Ein Sof 的狀態。為了接受到力量和認知,我們轉向我們已經存在其中的已改正的狀態,那是我們必須渴求的狀態。Ein Sof 是思想,而 Atzilut 世界是詳細的藍圖——這些是將思想付諸實施之前的兩個階段。這就類似於一個人想建造一幢房子的過程,甚至在沒有原材料時,都已經把構思用書面形式表達出來了。

在 Atzilut 世界下面的是 Parsa,它是 Atzilut 世界和它下面的世界之間的分隔。創造物從 Parsa 往下開始出現。然而,創造者並不

必等待創造物的行動。對於他來說，思想和藍圖就是整個的現實。在 Parsa 之下存在著 Beria，Yetzira，Assiya 等各個世界，在這些世界的下面，才是我們的這個世界（圖 14）。

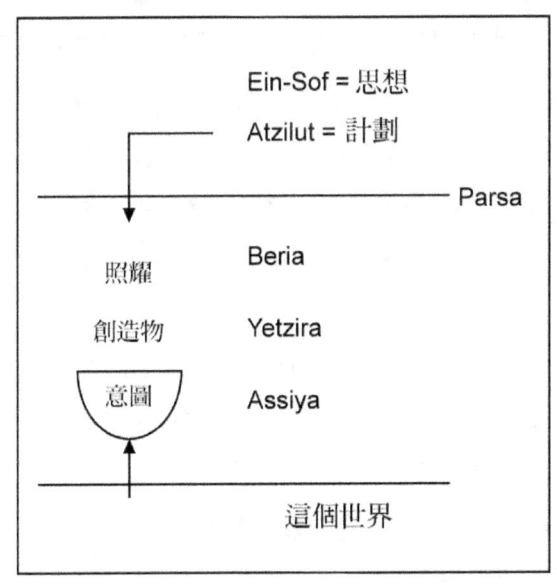

【圖 14 各個世界的關係】

來自 Atzilut 世界的「光」，根據一個人「蓋房子」的願望下降下來。而一個人朝向「更高之光」提升的這個願望，是一個人想取悅創造者，並且想要變得像他那樣的意圖。換言之，這個意圖是想要達到和創造者相似的意圖。

給予創造者的過程包括一個開始和一個結束。不僅這個開始和結束都是事先就存在著的，而且其中的每一個中間階段也都是事先存在的。一個人事先就知道其中每一個都必須經過的階段，因為根據這個

03 對現實的感知

創造的藍圖，每個狀態的預先定義都是根據感知容器（Kli）必須經歷一個逐漸的改正而設定的。

在這個感知容器（Kli）中有各種各樣的願望，所有這些願望都是相互關聯的。我們可以將它們類比做一個單一身體中的各個器官，每個器官都需要建造那個給予的意圖。改正一個願望會影響所有其他的願望，這些願望必須在它們正確的位置按照改正的順序展開。在一個人的一生中，沒有一件事情不是透過這個接受的願望的結構事先決定好的，因為改正的路徑是事先設計好的，並被劃分成事先安排好的順序。

我們一直處在那個最終的狀態中，甚至是現在。當 Reshimot 浮現出來，將我們置於不同的狀態中，我們所要做的全部就是實現每個 Reshimot。我們不能選擇我們未來將遇到的那些狀態，但我們可以從環境中得到幫助，以使我們更有效地實現這些階段。由此，我們將從一個狀態發展到下一個狀態。

更甚的是，即使我們實現我們所在的不同狀態的方法都是預先被確定好的，從創造者的角度來看沒有任何東西是新的；它只是對我們來講是隱藏的而已，隱藏的目的就是使我們能夠獨立自主地去選擇精神的發展。以後，當它不再影響我們的努力時，我們會發現我們在到達這些狀態的過程中遇到的成功和失敗也都是被預定好的。當這一狀態發生時，我們將被完全地結合在創造者完美的指引中前進。

如果我們能夠超越想要享受我們的感知容器感覺到的結果和其帶

來的利益，超越我們對自身獲得利益的興趣而去改正的話，我們將不再受到在開始、中間或最終會發生什麼情況的影響。就像創造者一樣，開始、中間和結束對我們來講都是一回事，並且合併為同一個階段。這就是為什麼那些改正他們自己的人，將超越時間和暫時的階段的影響。本質上，我們必須經歷的改正包括與自身的利益相分離。

我們可以將一個創造物定義為它感到本身是和創造者相分離的「某種東西」，而且表面看起來有它自己的權力。從這個創造物的角度來看，房子還沒有建完。這個創造物感到它可以在房子的建造中奉獻什麼東西。

當創造物為了完成這座房子的建設，開始想要發現那個藍圖時，這個創造物被視為已將它自己帶回到 Ein Sof 世界。創造物在為了尋求指導和能量來理解創造者的設計，並實現它的過程中所付出的巨大努力使得它已經無比深刻地熟悉了這個計畫，並使它在之後進入到完成整個房屋的建造過程中。

然而，當創造物似乎在為建築物添加每個螺絲、螺栓、木板和磚塊等等時，這一過程會被精確地按計畫展開。這個添加的過程構成了一個人想要融入這所房子中的願望，而不是對它實際的建造過程。所有的這些原材料，像這些金屬、這些木材和這些磚等等全都是願望。一個人只需要根據創造者的計畫，將每個願望置於其合適的地方。透過建造這個由願望構成的房子，一個人獲得了創造者的思想。這就是創造物得到的獎賞。

03 對現實的感知

　　創造的思想只有在這個世界中才能被達成。當還存在於這個世界時，一個卡巴拉學家就直接從創造者那裡逐漸學習到創造者的行為，並且開始想要變得和他一樣。卡巴拉學家將這個過程稱為「從你的行為我們知道你」。這一過程的結果就是達成創造者的心思，也就是徹底瞭解他的思想。

　　創造者的思想先於對創造物的創造。因而，當獲得創造者的思想時，一個人不僅把自己帶回到自己的誕生之處，而且提升到超越了「創造物」的層次更高的狀態，並到達了創造者實際的層次。在這一個點上，我們可以說，他們是出自於同一個思想，完全融合，或者形式等同。

　　精確地講，那個藍圖在第一次接觸到精神世界時就呈現出來。這是因為每一個精神層次都是一個由十個 Sefirot 構成的完整的結構。建造那座建築的物質，它的結構，甚至它的建造者，都隨著那個最初畫面的顯露而變得已知。

　　在被獲准進入精神世界後，一個人將變得越來越瞭解其結構，因為精神世界建立在一個人完全同意這一過程的每一個步驟的基礎上。這種同意與一個人給予的意圖、利他的意圖有關。一個人的獨立和自由的選擇，一個人自己的「工作場所」，都與這個利他的意圖相一致。而這是創造者從來沒有添加給創造物的額外的部分，他也無法添加這個。

　　Ein Sof 無限的世界就是創造者如此鍾愛地給予創造物的那個房

子，但一個人必須回報相同的愛給他，而創造物透過這麼做，就好像要給創造者建造一個相同的房子。因此創造物對創造者回報了同樣的行為、與他等同，並因此提升到創造的思想的高度。

3.4　世界在我們內部

那些更高的世界以及它們的不同程度只相對於我們而存在，它們並不是孤立地獨自存在的。這些世界處於一種潛在狀態，等待著我們去改正並進而發現它們的精神形態。在改正後的狀態中，在我們和 Ein Sof 之間的世界的所有層次將立刻一個接著一個地呈現給我們。

一個在磁場中的電荷「感覺」到這個磁場在它之上施加的影響，並因而「知道」這個磁場的存在。如果磁場中沒有這個電荷的存在，它就不會「感知」到磁場的影響；事實上，它甚至也不會知道這個磁場的存在。

同樣地，如果離開地球的大氣層，我們發現外太空是黑暗的。這聽起來可能很奇怪，因為我們認為太陽光線會跨過太空傳播出去，但是，如果沒有任何東西站在這些光線傳播的通路上，並「捕獲」它們，我們也不能夠探測到光的存在。

在另一個很好的例子中我們可以很容易地觀察到這個原則。比如當我們看著陽光從一個打開的窗戶照射進入一個房間的時候，我們只可以透過它們在空氣中的灰塵上產生的反射才能看到光線的進入，這說明我們只能透過這些光線在空氣中的灰塵上產生的反射才能探測到

03 對現實的感知

它們。換言之，如果創造物沒有感覺到某樣東西，它並不能說它存在於外部。在這樣的狀態下，我們說所有存在的一切都不過是創造者想要給他已經創造出的創造物帶來利益的那個創造的思想。

處於 Ein Sof 中的創造物，對 Ein Sof 的揭示程度取決於它改正或墮落的相對程度。從 Ein Sof 到這個創造物，在每個精神的層次中，創造物感知到的「光」的強度只取決於這個個體的創造物。正因為如此，我們說所有這些世界都存在於每個創造物的內部，而且只有當我們感知到那個創造的思想的某些部分之後，我們才知道那個思想的存在。如果不是來自於個人正在達成的內部的感知的話，我們就根本不能談論創造者、達成程度或滿足，也就是說，如果沒有感知容器（Kli），也就沒有「光」。也就是說，沒有創造物，也就沒有創造者。

3.5　加速發展

Ein Sof 無限的「光」充滿著整個現實，充滿著它創造的整個的接受的願望。它在創造物的內部運作以便將這個創造物引領到和它自己相等的形式。「光」作用在接受的願望上的壓力是永恆不變的，在數量或品質兩方面都不改變。結果，不斷的變化在這個接受的願望中展開著，我們稱之為「來自上面」的「更高的主權」，也就是指從創造者到創造物的「普遍的主權 general providence」。因為這種態度是永恆和不變的，因而它被稱為「Ein Sof（無限）」，即處於完全休息的狀態」。

「Ein Sof」這一術語強調創造者是不變的、而且他的目的——將創造物帶向改正結束（Gmar Tikkun）的狀態也是不變的。向 Gmar Tikkun 前進的過程是透過「光」對感知容器（Kli）的壓力作用下進行的，這最終將會使這個感知容器（Kli）感到它與「光」處在一個矛盾的狀態中。

由於這個矛盾製造出的壓力，卡巴拉學家將這樣的發展路徑稱為「痛苦的路徑」。如果按照這條路徑走，一切都會在它預定的時間發生，「光」作用在感知容器（Kli）上的持續的壓力在 Kli（容器）中誘發出多種多樣的形式的產生，直到它們都被耗盡時，這個 Kli（容器）將到達它 Gmar Tikkun 的狀態。

在人類接受的願望的自然進化的最後階段，在經過很多生死輪迴後，人們開始感到有某種更高的東西存在著，存在著一個給予者。在那個階段，人們開始累積一些特殊的認識，這些認知不屬於這個接受的願望，而是屬於滲透在容器（靈魂）的眾多碎片內接受的願望中的那個給予的願望。

在這樣的狀態下，一個人處在兩種力量，也就是給予的願望和接受的願望之間。這樣一種情況可以使一個人加速他的發展，並且要快於「光」在這個 Kli 上產生的自然壓力帶來的發展速度。

但是，加速向給予（bestowal）的品格的發展，不能在一個人的利己主義狀態中實現。獲得給予（bestowal）品格的唯一方法是從創造者那裡接收到它。一個人的工作就是找到一種方法，用來接受「來

03 對現實的感知

自上面」的給予（bestowal）的品格，而不需要在這個 Kli（容器）中完全經歷那些邪惡、那些痛苦和折磨的經歷，將會逼迫創造物從接受的狀態逃離並進入到給予的狀態。

選擇這條加速的路徑被稱為是「自下往上的進化發展」。在這條路徑中，我們頂著「光」的壓力前行，並且有系統地一個接著一個地將我們自己帶到所有那些狀態。透過選擇這條路徑，我們想要朝著創造者的方向前進，朝著獲得給予的形式的方向前進，並因此而跳過那些其他狀態。

選擇替代那條「痛苦的路徑」的這條被稱為「光的路徑」能帶來的巨大好處就是：儘管一個人同樣經歷那些相同的狀態，經歷每一個和所有的願望，也經歷它與創造者的那些對立狀態，但所有的這些體驗不是因為來自背後的壓力，而是出於對「光」的渴望。這條路徑可以讓一個人快速地並且以一種更可控的方式來經歷那些必須的洞悟和認知。這條「光」的路徑類似於我們發現自己生病了，但我們趕在病情實際大爆發前服用了適當的藥。因此，我們自己的這個渴望可以使我們免受那些極大的痛苦和麻煩。

如果我們出於自願，主動地被吸引，並朝向「光」去發展，也就是：將那些給予的形式加在這個接受的願望之上，我們將逃過那些可怕的災難。這就是為什麼卡巴拉智慧要被給予人類。沒有它，人類將會一步一步地自然地向前進化發展，這種發展的每一個階段都要持續到這個階段的所有負面結果完全暴露出來為止，然後我們才被迫進入到下一個狀態。而透過卡巴拉智慧的教導，以及如何使用它將「光」

吸引過來，將幫助我們以另一種非常不同的方式愉快並且快速地進化發展。

3.6 在內部構建創造者

正如我們之前已經解釋過的，所有的變化都是在我們內部展開的，雖然它們好像發生在我們的外部。我們需要明白，如果沒有這些看起來一切都是發生在我們外部的變化，我們就不會與創造者建立起聯繫，我們甚至會認為創造者根本不存在，並和我們沒有任何關係。正是這種以為變化發生在我們外部的幻覺使得我們能夠將「光」感知為一種存在於我們外部的某種東西。

當我們與發生在我們內部的這一切，與一個外部的創造者的存在相關聯時，我們可以建造出一種對它的態度，並開始瞭解這個創造者是誰以及他想如何給予我們。如果我們不是將我們的這些內在的體驗歸因於創造者，我們將無法感知到他的任何東西。此外，我們也無法創建出那個目標為給予創造者的意圖。

隨著我們的發展，我們逐步構建出有關創造者的一個越來越真實的形象。在這個建造過程的最後，我們到達那個單一的「光」、給予者、那個終極的善，它處於一種永恆不變的愛的狀態中。

以為在創造者和創造物之間存在著一種連接的那個幻覺，隨著在創造物內部的變化而改變。這使得一個人可以根據自己的品格去勾畫出創造者的畫像。事實上，透過這樣做，一個人在其內部建造出創造

03 對現實的感知

者。除此之外，沒有別的辦法可以感覺創造者。

將一個人的品格投射到抽象的「更高之光」上照亮了高於一個人目前所處層次的下一個更高的層次，那是一個人勾畫出創造者的畫面的層次。因此，我們將這個比我們略高一些的我們下一步要到達的層次，看做是創造者。一旦我們獲得了與那個層次相同的給予的品格，我們就「取代」了創造者的位置。現在，這個人處於創造者曾經所處的那個位置（在我們看來）。

因此，隨著我們不斷進化發展，我們總是透過我們墮落的品格描繪下一個層次的畫面。我們依照我們自己的品格，構造了我們渴望成為的創造者的形象。這是我們唯一可以認知創造者的任何形式的方式，也是我們接近那個抽象的「更高之光」的必由之路。

這種虛幻的感覺可以幫助我們建立起我們目前存在的層次以及下一個要到達的層次。當我們想要聚集能量前進時，它可以促使我們知道要轉向哪裡。雖然它在我們內部展開，但我們創建的創造者的形象揭示出我們目前所處的狀態和下一個狀態之間的差距。因此，我們意識到自己與創造者之間的區別。這是學習那個上面、更高的狀態是什麼的唯一方法，因為創造者沒有我們能用其他方法可以感知到的形式。因此，我們是在我們的內部建造創造者。

第四節　對現實的描繪

我們可以將一個人類比喻為一個封閉的裝備著五個感測器的黑匣子：有眼睛、耳朵、鼻子、嘴巴和手等五種感官，分別代表著五種感官：視覺、聽覺、嗅覺、味覺和觸覺。

正如我們先前所說的，感知現實的根本法則是「形式等同」的法則，這意味著壓力的平衡。各個感官都根據其獨特的構造對壓力產生不同的反應，履行著感測器的功能。視覺感官產生一種對光、黑暗和顏色的反應；聽覺感官引起聲音的感覺；嗅覺感測器則喚起對氣味的感覺；味覺感測器感到味道；而觸覺，則產生出如硬、軟、熱與冷等各種感覺。

這些感官的反應被傳輸到大腦的控制中心（圖 15），在那裡，這些新收集到的反應資訊將與以前已經儲存在記憶庫裡（先前印象的儲存庫）的資料資訊進行對比。透過這種方式，我們處理我們的感官收集到的資訊，確定出一種對我們最有利的反應方式，並且也研究我們到底在哪裡，如何在我們的環境中最好地行動。當這個過程完成後，這個資訊被「投射到」位於我們大腦中的一個「螢幕」上，描繪出一幅表面上看起來位於我們面前的畫面。

在這一過程中，那些周圍的未知成為「已知」，同時外部現實的一幅畫面被構建出來。不過，這幅畫面並不是一個有關外部現實的

03 對現實的感知

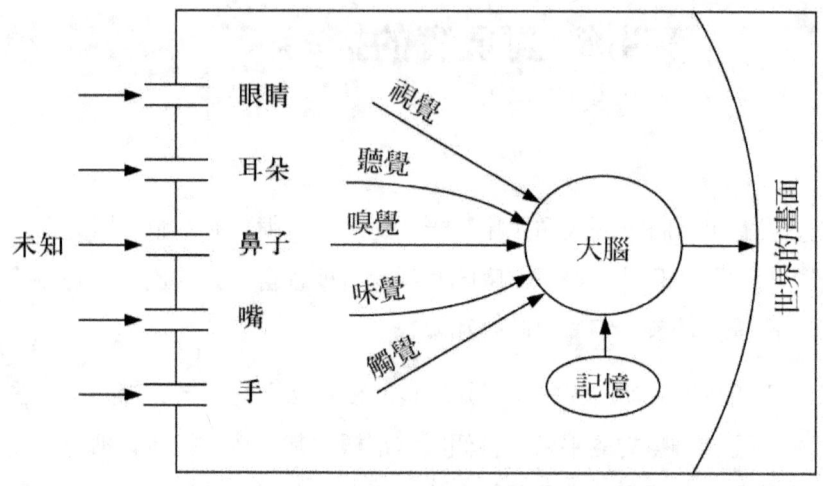

【圖 15 我們感知現實的畫面形成原理示意圖】

的器官，甚至產生一個完整的新的身體。不過，即使有了一個新的身體，它能感知的圖像仍然是內在的。科學早就證明，透過對大腦協同存儲在其記憶庫的資料進行電刺激可以使人產生出正處在某些地方和處於某種狀況的感覺。

以上所有的一切，都告訴我們，感覺到的一切都來自我們的內部，與我們周圍的現實無關。我們甚至無法確定是否存在一個外部的現實。因為這個所謂的「外部」世界的畫面存在於我們的內部。卡巴拉學家指出，我們看見的這個世界是一個「想像的世界」。

一切事物都是由享受快樂的願望組成的。在人類中，這種渴望永久享樂的普遍的願望喚起了在不同的特定的事物中獲取快樂的形形色色的各種願望，而且它們在任何給定的時刻都在變化。結合已經存儲在大腦記憶庫中的資訊，這個願望控制著我們的感官為滿足那些每時每刻產生的願望服務。追求快樂的願望在經過一代又一代的演變發展

之後,最終將我們帶向一個人類未知的叫做「心裏之點」的願望。今天,這個願望在我們很多人心中正在覺醒。

這個願望的問題在於我們的大腦記憶庫中沒有和它相關的數據。甚至我們的所有感官也找不到滿足這個新願望,使它滿意的來源。當這個願望產生時,我們感到很無助,因為在我們周圍的這個世界中,找不到任何可以滿足它的東西。但是當這個願望出現時,它使得我們對在它出現之前的那些生活感到厭惡。

這個心裏之點是一個完全脫離目前的自然系統的一個全新的感覺系統的開始。當這個新的系統完全發展時,它將被稱做「靈魂」。這個靈魂將包含新的大腦、新的記憶和新的「螢幕」。使用它,一個人將看到一幅完整的新的世界的畫面,也就是精神世界的畫面。因此,存在兩個有著同樣的運行原理的不同的感覺系統:一個是自然界的、物質的系統;而另一個則是精神的系統。

在這個自然系統中,世界的畫面在出生的那一刻就出現了。我們不需要做任何事情來創建它,這是與精神的系統之間存在的本質上的區別。我們在自己的一生中,經歷各種事情,這一切經驗都豐富和發展了我們的記憶,提升並加強我們能夠處理越來越微妙的感知的能力,並且對此產生無數的互相連接和內涵。這樣一來,在我們的腦海中創建的畫面將會變得越來越清晰。這就是嬰兒對世界的感知和成人的感知之間的區別。

為了使心裏之點演化發展成為一個精神的感知系統,一個人必須對它有一個極大的渴望。由於精神世界對我們是隱藏著的,唯一加強對它的渴望的方法是透過一個適當的環境。當一個人想要取得精神進

03 對現實的感知

步時，根據其對精神的接受的願望的程度，這個人被引領到一個適當的環境中。這是一個由形式等同性法則產生的一個自然的過程，透過這一過程，根據一個人想參與其中的願望，這個人被放置到一個精神的系統環境中。

這個精神的環境包括三個元素：一名卡巴拉導師、卡巴拉著作和一個由具備類似願望的人組成的社會（團隊）。從這一個點開始，一個人的演變發展將取決於這個人自己想正確利用這個環境的願望，也就是加強對精神世界的渴望的強度。當且只有當對精神世界的渴望發展增強到可以創建出另一個感覺系統所需的強度時，精神世界的畫面才會在那個人的內心中被創建出來。

這就是卡巴拉著作被寫就的唯一目的。透過正確地研讀這些著作，靈魂的建設得以被促進。卡巴拉學家巴拉蘇拉姆（BaalHaSulam），即耶胡達・阿斯拉格（Yehuda Ashlag）對此有如下描述：

因此我們必須要問：為什麼卡巴拉學家在促使每個人都學習卡巴拉智慧這件事上都負有道義上的責任？事實上這裡確實有著偉大的東西值得被廣泛宣傳：對那些從事卡巴拉智慧的研究和學習的人來講，卡巴拉智慧中包含著一個偉大的、寶貴的改正方法。雖然他們可能並不明白他們正在學習的是什麼，但透過一個強烈的渴望和想要瞭解他們正在學習的東西的願望，他們在他們身上喚醒包圍著他們的靈魂的「更高之光」。

……當一個人從事這門智慧的研究和學習，提到那些「光」以及與這個人的靈魂有關的感知容器（Kli）的名稱，這些「光」立即以

某種程度照耀到他。雖然，由於他本身還不具備相應的接收它們的容器，它們照耀著他，卻並沒有進入他的靈魂，充滿其內部。儘管如此，一個人在一次又一次地努力研讀的過程中，不斷受到的啟蒙，使得這個人將來自上面的恩典吸引向自己，這個恩典賦予一個人豐富的神聖和純潔，這些都使得一個人越來越接近和達到完美。

——巴拉蘇拉姆（Baal HaSulam）《對十個 Sefirot 的研究的導讀》，第 155 段

一旦有關這個新的現實的第一張畫面顯現出來，其餘部分的演變發展將在一個被卡巴拉學家稱為「一個人的靈魂將教導他」的過程中展開。就像物質世界的畫面是隨著一個人的成熟和印象的累積而變得越來越清晰的一樣。在這裡，一個人累積對精神世界的感受和印象，它們將充實新的記憶庫，並加強對新的思想的分析能力。因此，在這個新的感覺系統中創建的精神世界的畫面也變得越來越清晰。

生物意義上的身體的死亡意味著那個自然系統已停止其功能。這些感官不再將資訊傳遞給大腦，而且這個大腦也停止將物質世界的圖像投射到大腦的「螢幕」內。由於心裏之點（從這個點開始，精神系統演變發展起來）的願望和滿足都不屬於物質世界，這樣，即使在我們的肉體離開（死亡）之後，這個心裏之點也將繼續存在。

如果一個人已經在精神系統中開始感知到自己的存在，而且在其身體死亡之前，已經能透過精神系統感知自己，那麼這個人即使在其身體死亡之後，也將繼續感覺到他或她的精神的存在。這就是在靈魂

03 對現實的感知

中存在的意義。

* * * * * *

根據卡巴拉學家，巴拉蘇拉姆（Baal HaSulam）和神聖的阿里（Ari）所闡述的（僅以他們倆為例），在我們外部存在的所有一切，只有充滿著整個現實的「更高之光」，而且那「光」處於一種完全休息的狀態。儘管我們處在「光」中，我們卻覺得好像我們存在於一個身體中，而這個身體則處於一個環繞著他的宇宙中。

但是，如前所述，印象是透過五種感官填充著我們。因此，如果所有存在於我們周圍的是不變的「光」的話，那麼到底是什麼使我們感知到那些不斷的變化呢？

要回答這個問題，我們必須返回到剛才所述的記憶恢復（Reshimot）。正如我們先前闡述過的，在接受的願望中存在著一系列的 Reshimot，一個不斷喚起新的 Reshimot 的記憶鏈。我們體驗到的這個內在的世界的畫面實際上正是當前處於活躍狀態的 Reshimo（Reshimot 的單數形式）和「光」之間的差距和矛盾的一種外在的顯現。

位於我們外部的「更高之光」是不會變化的；只有位於我們內部的 Reshimot 在變化。我們對我們自己和我們周圍的世界的認知，是由我們的願望在我們內部展開的變化投射到那個永恆不變的靜止的「光」上產生的一種結果。Reshimot 的不斷更新和一個人實現 Reshimot 的方式，創造出了這個在我們看來是在不斷變化的世界的畫面。

04
Section

實現精神基因

04 實現精神基因

第一節　精神基因 Reshimot

　　我們對自己與現實的感知，決定了我們如何感覺我們自己和現實。這是我們所有研究的基礎。我們要瞭解一個人到底是什麼，以及我們是否自己本身就是固有的存在。量子物理學家在他們的爭論中，認為所有的人和其他事物類似，只不過是「一束捆綁在一起的波」時，也許他們是對的。也許真實的現實與我們目前看到的現實很不一樣。然而，如果我們可以建立一個基本的、客觀的不取決於我們主觀感覺的原則，一個定義「我們」，並定義「現實」的原則，我們將有一個標準，透過它可以來衡量我們目前的感知。

　　許多研究人員相信，我們在研究方面進展越大，我們會發現事物會變得越模糊和越認識不清。他們覺得我們就像是在黑暗中探索。我們對自己和這個世界的誤解和無知是當前我們面臨的全球危機的核心原因。毫無疑問，研究現實的深度的科學是一個很好的方法，但是我們卻發現存在著一個邊界，一個我們不能穿越的絕境。

　　人的本性、人的感知和科學的一切發現將不再會促進一個向前的進展。我們會感覺從某一個特定點開始，一切都變得「不可捉摸並難以確定」，並「蒸發了」。這正是量子物理已經開始發現的東西——物質突然「消失了」，將研究人員擱在一種類似真空的狀態下。

　　那種感覺源自一個人在還不具備「接近並感知」更高現實的方法

之前，就喪失了對當前現實的感知。這種情況是在一個人還不具備看到那個「其他」現實的感知工具時產生的。巴拉蘇拉姆（BaalHaSulam）在他的文章《卡巴拉智慧的本質》中講述：獲取該方法的唯一途徑是從一個已經熟練掌握了它的卡巴拉學家那裡學習它。

1.1 意識的喪失

我們在這個世界上的狀態遠不是我們真正的狀態、遠離我們上述提到的我們真正的狀態。從這個被稱為 Ein Sof 的標準來看，在那裡我們全部都連接為一個被「更高之光」充滿的願望。所發生的分離或「排斥」，是為了讓我們能夠從願望的層次上提升到比這個願望本身更高的一個層次，也就是在願望的意圖的程度上的提升。這使得我們能夠做出自由選擇，並且獲得各種洞悟和啟示，透過這些我們可以超越創造物的接受的層面，並到達創造者的給予的層面。

從 Ein Sof 的狀態降落到這個世界的狀態的過程，是透過將那個單一的感知容器（Kli）分裂成很多碎片而形成的。在精神世界，「排斥」意味著「品格上的差異」。透過獨立地接近那個真正的狀態，我們開始瞭解位於 Ein Sof 狀態之上的創造的思想。因此，我們需要教會我們自己如何回到 Ein Sof 的狀態。

但為了使我們返回到 Ein Sof，我們必須先知道那個狀態的本質。我們全部都一直處於 Ein Sof 的狀態、處於一種愛和互相擔保的狀態中，處於一種形成一個感知容器（Kli）去接受「更高之光」的狀態中。

04 實現精神基因

為了從這個世界返回到 Ein Sof 狀態,我們必須努力在我們的相互關係中建造出一種相似的狀態。Ein Sof 才是真正存在的狀態,儘管目前在我們模糊的感官狀態下,我們還處於一種想像的狀態中。

換言之,即使現在,我們都位於 Ein Sof 的狀態,但我們的感官卻被模糊了我們的感知的那些灰塵「籠罩」著,我們需要「清理」我們的感官。因此,Ein Sof 的狀態是我們正在努力要達到的標準和目標。

* * * * *

我們永遠不可能清楚地瞭解一個狀態,如果我們還存在於其中的話。只有當我們提升到一個更高的狀態時,當前的狀態才可能變得清晰。卡巴拉的方法為我們提供了一幅新的畫面和一個新的視角。相當有趣的是,我們在應對那些靜止層面、植物層面和動物層面的事物時,我們並沒有遇到太多的障礙。但是,當我們試圖瞭解我們自己所處的這個層面——這個說話的人類層面時,我們卻總是失敗。我們在解決我們目前面臨的各種社會和家庭問題時的無助,只是我們如今這種狀態的一些例證而已。

卡巴拉方法可將我們提升到比我們目前的這個狀態更高的一個狀態。從這個新的角度,我們可以俯視,並分析我們目前的狀態。這正是卡巴拉的研究模式與普通的科學研究模式之間的根本差異。

在科學研究中,研究人員嘗試穿透他或她所處的同一個現實層面,就像一個孩子,想試圖研究一個孩子到底是什麼一樣。但是,在

卡巴拉中，卡巴拉研究人員先將自己提升到比當前所處層次更高的一個層次，然後從那裡分析研究之前較低的層次。

卡巴拉學家不運用普通的科學研究方法來從事對現實的研究。他們並不試圖將其狹隘的認知擴展到一個更寬廣的角度，因為他們認為這是不可能的。只有採用正確的研究現實的方法，才可以促進我們發展的進程，以到達下一個階段。沒有正確的研究方法，我們只會停留在研究物質的層面上而止步不前。

正確的研究方法可將研究人員提升到位於物質背後的那些控制力量所處的層次。當我們感知到這些力量時，我們也將感知到在物質中發生了什麼，因為這些力量都變成了我們自己的力量。研究人員將這些力量感知為，可以任他或她運用的控制他或她自己生命的力量，他們不是透過理智，而是透過感官清晰地感知到這些力量。

一個人只用理性的和自然的感官的感知去研究一個比自然科學家們感知的層面更高的層面是不可能的。若要走向一個更高的現實，一個人必須改變其感官。在這裡，那些精密複雜的研究工具不會提供什麼幫助。

透過研究自然，我們可以想像存在著一個與我們的這個現實處於相反狀態的更高的現實，在那個現實中，一切事物都旨在給予而不是接受。我們還可以假設，在高於我們利己主義的本性的上面，一切都透過愛和互相連接來運作，也就是所有的一切實際上都是一個單一的思想。

04 實現精神基因

科學家們已經發現,現實的所有部分都和諧地相互連接在一起,其中每個組成部分都在幫助其他部分,並且每個組成部分在那個共有的系統中都至關重要。現實的各個組成部分彼此「體貼關懷」,就像同一個身體中的細胞一樣。這一發現使研究人員假定:控制現實中每一部分的總體的法則是愛的法則。唯一的問題是這些科學家不能提升自己到達更高的層次,並變得和那個法則的性質一樣。

如果科學家能夠根據他們所相信的超越物質層次之上存在的那個愛的法則,去改變他們的本性的話,他們將會發現,超越「隱藏的物質」之外存在著一個非常真實的、實實在在的現實,就和他們現在知道的現實一樣真實。他們可以感知這些力量,它們的互相關聯以及它們組成的系統。但對於所有的研究人員來說,要想發現所有這些,在研究人員與這些力量的層次之間必須存在完全等同的形式。

我們可以用走進一個完全黑暗的房間的過程來類比這一過程。首先,我們看不到在房間中的任何東西,但如果我們打開燈光,我們就能夠看到它們。當然這些物件開始就在那裡,但我們感知它們的能力的不足使得我們不能看到它們。因此,我們必須做的就是改變自己,去匹配、適應那些現實中已經存在的力量,而這種匹配它們的方法就是卡巴拉的方法。

1.2　虛擬現實

　　許多理論聲稱同時存在著無數的現實。卡巴拉則強調只有一個現實。這唯一的現實叫做 Malchut de Ein Sof，也就是 Ein Sof 世界中的 Malchut。除此之外，沒有其他任何現實存在。Malchut de Ein Sof 一詞指明創造物存在於一個完美和永恆的狀態中。任何 Malchut de Ein Sof 之外的現實，都被稱為「虛擬現實」。

　　虛擬現實由不同的形象組成，這些形象是當 Malchut de Ein Sof 下降到不同程度的「意識」層次時在它前面顯現出來的。結果，Malchut de Ein Sof 越來越感覺不到它自己和它的填充物。

　　Malchut de Ein Sof 失去意識的過程不斷加劇直到它達到其最低、最混濁和最分離的一種狀態，也就是被稱為我們所處的「這個世界」的狀態。在這個狀態中，Malchut de Ein Sof 獲得了一種感覺上彼此互不關聯的人類靈魂的形式。正是從現實的這個畫面開始，我們必須渴望重新返回到 Malchut de Ein Sof 的狀態。

　　當我們說我們的現實是虛擬的，我們指的是當我們發現這是事物的實際狀況時，我們產生的一種認知。將這種現實做為虛擬現實去感知，並不會阻止我們和它一起工作，我們只需要知道這是我們必須經歷的一個階段之一。

　　這可以和一個有著很多幻想的兒童進行比較。這些幻想並不消除這個孩子的世界，而且我們知道這些幻想在孩子的成長階段是適合的。同樣，在進入一個更高的現實時，我們看待以前的現實就好像它

04 實現精神基因

是虛構的,雖然它對那些仍處在那一層面的人們來講還是非常的真實。

在精神的現實與物質的現實之間存在著一個壁壘。在穿越那道壁壘之前,我們看不到在這個世界的背後存在的那些力量,但這些力量在我們的內部生成了關於這個世界的畫面,這個畫面的生成過程,就像電子向量在電視或電腦螢幕上創建出圖像的方式一樣。當我們注視著螢幕時,我們看到一個豐富多彩的、3D 的圖像,但它們只不過是一種能夠被進行處理、傳輸和儲存的電子力量的組合而已。事實是我們也存在於一個類似的圖像中,只不過這個畫面的螢幕位於我們自己的內部。

那些提升到這些力量的層面的人們,看到這些力量是如此地真實,然而它們創建的畫面是想像的。這些力量不斷創建著不同的畫面,雖然這些力量自己始終保持不變。

總的來說,一共有 125 個達成精神世界的階梯。我們在其中攀升得越高,就越真切、越正確地感知到這些力量是如何連接在一起的。在這個階梯的最高處,一個人將感知到這些力量完全合併在一起,它被稱為 Ein Sof。

由此產生的原則是,只有當我們達成(徹底理解)和感知到某種東西時,我們才可以定義並描述它。正因如此,所有卡巴拉學家都堅持著一個堅定不移的法則,正如巴拉蘇拉姆(Baal HaSulam)陳述的這個法則:「對於那些我們沒有達成(徹底理解)的事物,我們不會

用名稱或單詞來定義它。」

1.3 集體冥想

很多人傾向於相信只要人類想改善自己的狀況，就可以做到（心想事成）。其中一個例子，就是集體冥想，這通常都是為了提高我們的生活品質，在世界各地經常被實行的一種活動。無疑，將很多人的思想連接在一個單一的思想中會影響現實。思想的力量也確實巨大。但是，我們必須明白只是靠去想它，並不會對現實引發任何一個我們期望的那種有利的影響。

因為我們的本性是自私自利的，我們最大的思想仍將集中在為自己接受到一些更好的結果。只有當我們意識到我們這種自私自利的根本本性是不好的時候，我們的狀況才會開始改善。如果我們明白只有透過獲取一個新的、利他的品格才可以使我們真正快樂的話，我們將開始蓬勃發展，並茁壯成長。這樣的認知將迫使我們去更改我們的本性。

類似集體冥想這樣的活動不會將人的本性提升到創造者的水平，也就是說它不能帶給人們利他主義的品性。這些行動是建立在我們能夠最大化地利用我們的利己主義的力量的基礎之上的，因此，沒有任何一個這樣的計畫會幫助人類改善我們的世界。這些行動最後都會在我們的利己主義的框架中，更快地暴露在我們的利己主義中存在的那個邪惡。事實上，很多人為了實現一個共同目標的任何一種聯合，不

 04 實現精神基因

論目標是積極的或消極的,都在加快這個邪惡的暴露,但這不是一種取得進步的可取的方式。

只有當一個人吸引到「來自上面的『更高之光』」的時候,那個最理想的發展才會發生。精神的力量將暴露我們的缺陷,同樣也會改正它們,但要做到這樣,必須透過一個改正的方法。在缺乏這種方法的情況下,人類將不得不經受苦難和痛苦而被迫去發展。最終這些累積的痛苦將使人類認識到它不能獨自去做任何事情。

將來自上面的「光」吸引過來是一個想要和 Ein Sof 的狀態相類似的努力的結果,Ein Sof 是真正存在的一種狀態,在其中我們全部都連接為一個單一的整體處於創造者的對立面。我們不需要靠任何幻想去努力和那個最終的狀態類似,因為我們已經處在其中。所有我們需要做的只是渴望去接收來自那個狀態的改正的力量,而那個力量會將我們帶進那個真實存在的狀態中。

卡巴拉著作描述了改正後的狀態。如果我們閱讀這些著作而且想要處在改正後的狀態,我們就會被「拉入」到「光」中,就像一個昏迷不醒的人會接受 IV(靜脈注射治療)一樣。「光」會對讀者產生影響,喚醒他,並幫助他開始去攀升。

因此我們可以看到,像「光」以及「上面」、「更高」等術語的含意是這樣的:「光」是改正並充滿創造物的更高的力量,「上面」是指「來自一個更好的改正的狀態」,也就是一個更偉大的給予的、創造者的一種狀態。

1.4　創造者是什麼？

創造者是一個人發現並想到達的更高的層次。在希伯來語中，Boreh（創造者）是「來，看」（Bo 指「來」，Re'eh 指「看」）的意思，表示一種邀請。到達最高層次的人處於同創造者融合為一的一種狀態。在到達最高的層次之前，在這種結合中始終會表現出某種缺陷，雖然這並不真正是一種缺陷，它只不過是在一個人的內部浮現的一種新的、還沒有得到改正的願望。

這些願望之所以顯露出來是為了使我們可以改正它們，而且透過改正加強了我們和創造者之間的融合程度。對浮現出來的每一個新的願望來說，創造者似乎都比之前處於更高的位置。當一個人揭示出更高層次及其利他主義的程度與自身所處的利己主義的程度的對立性差距性時，一個人必須積聚能量，以提升自己到那個層次。

因此，在到達所有一切都融合為一體的 Ein Sof 的狀態之前，沒有絕對的創造者。我們可以給「創造者」這個術語唯一的定義是（在我們到達 Ein Sof 之前）「比我更高」的一個狀態。更高的層次建造、創造、產生、改正並充滿更低的層次。

創造者展現為比一個人目前擁有的品格更高的一種調和的品格。一個人被啟動的 Reshimot 導致這個人每次都看到一幅更高層次的畫面。不過，無論如何，對創造者的描繪卻總是一個人當前具有的品格在抽象的「更高之光」上的投影。來自那個抽象的「光」的壓力是恆定不變的，所有的變化和移動只發生在我們的內部。儘管只有

04 實現精神基因

Reshimot 在我們的內部變化，對我們來講，它看起來卻好像是創造者在不停的變化。

1.5　實現精神基因（Reshimot）

對於一個不是卡巴拉學家的人來講，他是無意識地實現著不斷顯現出來的 Reshimot 的。這樣的一個人根據他或她所處的狀況做出反應，比如教育、環境、內在的力量、健康等等。在這種方式下，一個人被「帶著」經歷各種不同的情感和印象，並最終到達對精神世界的渴望。

在一個人被「身不由己」地推著向前的進展中，這個人從人生的悲歡離合中累積著各種印象、彙集各種認知，並在發展過程中運用它們。這是一個準備階段，在這個階段一個人累積各種有關他的接受的願望所帶來的各種印象，並在自身內部經歷 Reshimot 的實現過程。

儘管我們不知道這是一種無意識的發展，但是所有這些印象都保留在大腦的記憶中，當一個特定的 Reshimot 浮現出來時，實現它所必須的 Reshimot 也同時被喚醒。我們不能控制這個過程，正如很多年前我們經歷的事件會突然重新浮現出來，而我們卻不能理解這是為什麼那樣。

此外，因為這些靈魂在一個單一的系統中是彼此相連的，對一個人或者對一群人的每個「個人的」的印象，都影響到其他每一個靈魂。在地球上的某一特定地點發生的事件對地球上的所有其他居住者都產

生影響，即使他們並不知道自己受到影響。雖然我們目前還不能瞭解這個資訊是如何傳輸的，但當到達 Ein Sof 的狀態時，這一切將變得像水晶一樣清晰。因為我們都是同一個單一系統的組成部分，所以我們的互相聯動加速了 Reshimot 的浮現。

相對於「更高之光」來講，我們全都做為同一個創造物而存在。我們每個人都由所有的其他人組成。每個人都如同一個單一的感知容器（Kli），是創造者創造成的一個全息圖像，也就是說，每個人都由「自我」以及它結合在其中，或者存在於其他所有靈魂中的相互包含的方式所組成。一個人結合在所有其他靈魂中的方式是一種雙向的關聯，也就是一個人存在於其他人的靈魂中的同時，其他靈魂也存在於這個人當中。這就是為什麼這個接受的願望包含這麼多不同的認知和變化。

「更高之光」和個體之間的聯繫是始終存在的，但這種聯繫會因人而異。「更高之光」照耀在我們內在的願望上，使我們產生一種我們稱之為「我的世界的畫面」的感覺，不論「我的世界」是物質世界還是精神世界。這種感覺受到一個人自己的 Reshimot 和這個人在其他靈魂的 Reshimot 中的相互結合部分的共同影響而不斷地變化。這些變化的總和創建出一個人生活的動態畫面。

04 實現精神基因

1.6　選擇將來

我們相信，我們有很多種可能的將來可以選擇。但選擇首先意味著已經看見未來，所以我們相信的這種選擇是建立在什麼基礎之上的呢？一個人如何才能知道哪種未來最好？如果我們能看到一個選擇的結果和另一種選擇的結果，我們當然就會知道哪個更好。但事實上，根本沒有任何選項可以挑選。

一個特定的 Reshimot 在一個特定的接受的願望中被喚醒，也就是指在一個特定環境中的一個特定的人的內部被喚醒。結果，那個人實現了這個 Reshimot，同時從生活的事件中累積了進一步的印象。

如果我們意識到我們只不過是受控制的牽線木偶，然而與此同時，我們卻又認識到我們能夠改變我們的未來，那麼我們可能會處在一個選擇的點上。換言之，這時我們會選擇對我們精神的發展會產生積極影響，並幫助我們取得精神進步的一種環境。這樣一種環境會幫助我們在同一個方向和同一個先前存在的階梯上實現 Reshimot，但我們要心甘情願地這樣去做，而不是在壓力下被迫去做。

在任何一個給定的狀態下，在已被喚醒的接受的願望中的 Reshimot 和環境都是被預定好的。即使一個人有一種實現 Reshimot 的強烈渴望，這種渴望本身也來自其內部，而且即使一個人透過運用環境加速了 Reshimot 的展開，它也僅僅只是在縮短那個預定好的展開的過程。

然而，為了成為致力於精神發展的環境的成員，以及為了透過這

個環境促進我們去發展，我們所做的艱苦努力使我們獲得了一種新的智力覺悟──「全面的智力覺悟」，這種智力屬於我們瞭解創造者對創造物的意圖的領悟。獲取那個新的智力意味著發現那個意圖以及隨後相應地攀升到創造者的層次。這是種巨大的獎賞。

我們需要明白，靠我們自己，我們可以想去要任何東西，唯獨無法走在正確的道路上，朝著正確的目標前進。獨自一個人就像一個無法看到正確的前進道路的盲人。我們看不到從這個世界通往更高世界的入口，我們不知道如何從這個接受的願望轉變為那個給予的願望，我們甚至無法看到這樣一種事情存在著，而且在那裡存在著對我們的拯救。

因此，那個自由選擇的「點」非常、非常地微妙。我們可以選擇一個環境，它會帶領我們進入一種狀態，在那個狀態中，「更高之光」改變我們的品格，並且，透過「更高之光」的作用，我們將能夠進入精神領域。但是，如果獨自一個人，如果沒有一種方法或者沒有一個適合的社會環境，我們無法取得突破進入精神世界。

＊　＊　＊　＊　＊　＊

「平行的世界」和「平行的宇宙」等等術語正變得越來越時髦。很多人以為找到了選擇他們美妙的未來的可能性。有很多冥想表示提供在早晨一大早選擇好接下來一天發生的事件的能力。從心理學角度來看，在這種方式下，一個人是在自我「規劃」，並且預先決定用一種特定的方式去接受那一天將要浮現的 Reshimot。但問題依然是透過

04 實現精神基因

這樣做我們是否真的能夠創造出一個不同的現實。

我們不能說這樣的一個人是異常的,因為我們每個人都有我們自己的生活傾向。我們都有從哪兒開始我們一天的習慣,無論它們是運動訓練,或是訪問一個治療師。

不論我們是否是有意識還是無意識地計畫著我們的每一天,事實是我們對現實的畫面完全由我們內部的 Reshimot 決定著。這個 Reshimot 將我們放置在這個畫面中,而且它也在這個畫面中創建了所有的結果。相應地,我們有意識地去「選擇」發生什麼事的努力不過是 Reshimot 展開的一個產物,僅此而已。

1.7 記憶

構成了我們生活的所有的畫面都是相互關聯的。因此,喚起某個 Reshimot 常常使我們想起過往的經歷。我們管理不了我們的記憶,我們也無法從它們取出某些內容或忘記其他內容。Reshimot 絕對地決定著所有的一切。我們只不過是移動到那些被喚醒,並在我們內部運行的經歷的「頂端」。如果一個 Reshimot 的實現需要的話,過去的記憶將會自行地彈出並浮現出來。

我們曾經經歷過的一切仍然保留在我們的內部,沒有任何東西會消失。在一個人的願望中,覺醒的一個 Reshimot 隨後會使我們意識到與「光」的對立,並製造出那一刻發生了什麼事的一種認知。接著另一個 Reshimot 被喚醒,由於這些 Reshimot 是相互聯接的,新的

Reshimot 根據其需要使用之前那個舊的 Reshimot。

　　當幾個其他的 Reshimot 來了又走了之後，第一個 Reshimot 就從記憶中消失了，同時它所創建的畫面也從感覺中消失。這些感覺有可能在以後被重新喚醒，如果一個新的 Reshimot 的實現需要它們的話。由此我們識別到 Reshimot 變成活躍的和不活躍的一連串的經歷，並且伴隨著這些 Reshimot 的實現，它們在我們內部累積了各種印象。

　　這一過程「超越」我們之上展開；因此我們不能走入我們的記憶，並從中取出特定的畫面。例如，當我們走在街上時，我們可能會遇到熟悉的香味，將短暫地使我們想起童年時代的情景。隨著場景出現，記憶又消失了，而我們無法理解它出現的目的。但是，在這個世界上沒有什麼是偶然的；所有的記憶僅僅根據它們對實現當前 Reshimot 的必要性而浮現。

　　所有的靈魂都在一個單一的全面的系統內相互連接著。因此我們可以說那個記憶對大家同樣是共有的。當一個人與其他每個靈魂之間的連接變得越來越緊密的時候，這一點也變得越來越清晰。我們越有意識地朝著這個系統去運作，越多的記憶就會浮現在我們內部，伴隨著他們，我們獲得越來越多的集體的能力和精神的達成。如果我們達到一種不僅與他人結合在一起，而且運用他們的容器如同運用我們自己的容器一樣的程度，我們當然可以利用他們內部的所有一切。

04 實現精神基因

1.8　思想的力量

　　思想是一個非常強大的力量。在劇情式紀錄片 What the Bleep Do We Know？《我們到底知道什麼？》中，約翰・海傑林（Dr. JohnHagelin）博士講述了一個在華盛頓地區進行的集體冥想的實驗。根據海傑林博士所述，那次專門為了減少華盛頓地區犯罪率的集體冥想的靜坐帶來了令人難忘的成果，那年夏天的犯罪率下降了25%。

　　然而，在這種行為中，仍然不存在選擇的自由，因為執行整個過程的是 Reshimot ——它產生的結果使人們去進行大規模的集體冥想的靜坐，以及隨後的犯罪率下降也是它的產物。無論如何，目前我們只是在想按照人類願望的一貫做法運作，而不是按照超越它的、「管理」著我們的更高的層次來運作。

　　為了一個共同目標將一群人聚在一起會產生一種巨大的力量。這確實如此，因為這樣做，每個人都無意識地使用了那個已經存在著的、他們在其中一直是互相連接在一起的系統。即使人們為了一個很壞的目標聚在一起，他們也一樣會喚醒一種強大的力量。

　　思想改變現實，因為一個思想是其願望的表達。不管我們想要現實變成什麼樣，我們看上去都是在將我們的未來放置到理想的方向上。

　　如果是由於犯罪率上升，而使成千上萬的人聚在一起冥想去降低它們，它們將會減少，因為這個實驗中的那些參與者將自己的意志嵌

入到了 Reshimot 當中。Reshimot 是一個有待發展的潛在狀態，人們對待 Reshimot 的態度可以影響到 Reshimot 將要展開的形式。

將人們連接在一個共同的思想中創建出了一個和 Ein Sof 狀態等同的一種狀態，在 Ein Sof 狀態中，所有靈魂是互相連接在一起的。我們應該說明，即使人們的連接不是為了接近創造者，也就是為了給予的目的，這種等同性同樣存在。換言之，只要人們連接在一起，和系統的等同性始終起作用，而不管它對創造者有無聯繫。人們相互之間的連接會吸引上面的力量，這改變了 Reshimot 展開時似乎採用的方式。然而，我們必須牢記我們對待 Reshimot 的態度也在 Reshimot 中被預定好了。

讓我們用這個集體冥想靜坐的例子闡明有關自由選擇這一微妙問題。需要強調兩點：

◎在喚醒一個使用集體力量的願望後，一個人運用了這一力量，並取得了一個令人印象深刻的結果；

◎啟動願望產生了一個實際的結果，因為那個人利用了 Reshimot、系統以及「光」。

事實上，這個例子中所有的行為沒有任何一個單獨的動作來自於個人，因為是在 Reshimot 的激勵下那個人才採取行動。與任何其他的機器一樣，這個人執行了一項行為，並產生了一個特定的結果。在整個過程中這個人唯一參與的只是紀錄那個原因和結果。事實上，因為我們獲得在精神世界中的獨立存在，我們的知識只不過是在紀錄原

04 實現精神基因

因和結果而已。

1.9 精神基因（Reshimot）的鏈條

我們對現實的感知是我們對「更高之光」的感覺。對「光」的感覺的測量結果被稱為「這個世界」或「精神世界」。這個世界是透過一個利己主義的意圖得到的、對「更高之光」的感覺，而用利他主義的意圖得到的、對「更高之光」的感覺、感知到的世界被稱為「精神世界」。這些描述表達了我們和「更高之光」之間的關係的兩種形式。

我們對待「更高之光」的態度決定了我們所處的狀態，它確定了我們位於哪一個世界，並處在何種層次。這個態度是由從零的層次向前發展的我們的 Reshimot 決定的。這些 Reshimot 按照一個特定的順序演變發展，從靜止層次開始，經過植物和動物層次，直到說話的層次──也就是人類的層次。說話的層次（人類的層次）繼續在其內部經歷靜止、植物、動物以及（精神）語言等層次的發展。Reshimot 的鏈條決定了一切，除此以外，什麼都不存在。

Reshimot 在我們的內部喚起我們越來越強烈的願望，從物質生存層面的那些願望開始（對於性、食物和家庭的需要），發展到對財富、榮譽、權力等願望的追求，最終產生對知識的渴望。

科學家們使用在人類這個物種中存在的最高的願望──對知識和學問的渴求（Reshimot）來進行工作。一旦我們耗盡在利己主義的接受的願望中所有的 Reshimot，我們就被要求開始我們的改正，以進一步向前發展。

卡巴拉從我們研究現實的能力窮盡之處開始。這是因為卡巴拉智慧使得一個人的 Reshimot 從利己主義轉變為利他主義。利他地實現一個 Reshimot 使得研究者超越在這個研究員內部被喚醒的 Reshimot 實現的層次，這將把我們帶到調節 Reshimot 使其誘導我們進入精神世界的力量的層次。在精神世界中，研究者探索形成一個人的虛擬現實的根源處的那些力量，這也正是那些科學家們竭盡全力一直在尋找的力量。

科學家們處在這個世界的願望能夠到達的最高發展層次。這正是他們所處的困境所在：他們無法找到這一切事物的根源，或者瞭解在物質之上到底發生了什麼。他們確實成功地假定了超越物質之外存在著思想，而且這個思想可能是一個愛和給予的思想。他們甚至開始公開聲明一定存在著研究現實的另外一條路徑。可惜的是，他們無法找到它。沒有卡巴拉智慧的幫助，想改變實現 Reshimot 的固有的方式是不可能的。

無疑，人類不得不在沒有被告知，並徵得我們同意的情況下，經歷迄今為止所有 Reshimot 的實現過程。但今天，人類發現其自身內部有一種渴望想要知道其現在所處的絕望狀態產生的原因，這種產生於人類內心的吶喊，促進了卡巴拉智慧的出現。卡巴拉將帶領人類實現如今正在快速演化的精神的 Reshimot，促進如此多人越來越強烈地渴求精神探索的 Reshimot。

如果人類等待著，直到研究人員靠他們自己獲得現實的真相，而不藉助卡巴拉智慧的話，人類可能會發現有一天將遭遇前所未有的像雪崩一樣到來的危機、失敗和災難。這就是為什麼卡巴拉智慧如今浮現出來的原因，以便使人類可以更容易地度過這個轉變的階段。這也是卡巴拉學家一直想在人類陷入這些空前的災難之前，試圖對人類做出的解釋。

04 實現精神基因

第二節 被揭示的和被隱藏的

在這個世界和精神世界中,被揭示的和被隱藏的區別只是相對於我們而言。所有我們仍然不知道的一切,包括在這個世界上的,都被稱為是「被隱藏的」。如果那些未知的變為已知的,它就變成了被揭示的部分,因此,在任何給定的時刻,我們都同時處在被揭示的和被隱藏的兩者之中。這個世界和精神世界之間的區別取決於我們感知現實的形式和模式的方式。

精神世界是這樣一種現實,我們感知它的方式既不是從我們自身內部,也不是從環境中自然形成。這是因為精神的現實遵循的是和我們現在所具備的天性的法則相反的法則,精神世界需要我們反轉我們的態度。但我們在哪裡可以找到那個「對立的」力量來建立那個「對立的形式」呢?如果我們被自然地創造成只會建立利己主義的形式,我們將如何能夠在我們內部建立任何利他的形式,並去感知利他主義的現實呢?

這樣一個反轉,需要經歷一個被稱為價值(Segula)的特殊過程。Segula 是指跨越到更高的系統,然後再返回到個人的一個間接過程。透過卡巴拉的學習,一個人的思想會被拉近到更高的利他主義的思想。這個思想對接受的願望或利己主義不產生作用,而只對利他主義

的那個點—即心裏之點產生作用。

　　心裏之點和更高的思想之間的特性的相似性，在它們之間創造出一種連接，而且他們擁有相同的性質。更高的思想作用於這個心裏之點，並把它塑造成各種不同的形式。在精神的領域中，我們感覺這些形式就好像存在於我們的外部。

　　實際上，這些形式根本不存在於我們的外部，而只是存在於我們的內部。就如同我們在這個世界上看到的一切幻象存在於我們外部一樣，我們對精神世界的感覺也是一樣的。但是，當我們獲得了更多精神的形式時，我們就會瞭解，並開始知道在我們內部發展和創建出這些形式的更高的思想。

　　在走向知道這個思想的過程中，我們構建出越來越接近更高思想的內部形式。這樣做，我們使自己和這個思想逐漸等同，直到這個思想成為一個人的「自我」，在那之後，一個人提升到這個思想起源的地方。

2.1 反轉的世界

　　更高的力量在我們內部創造了現實的整個畫面——我們的本性、性格、健康、意願和思想，甚至我們的朋友、國家和我們生活的這個世界。這一切都是更高的力量為我們準備的。發生在我們內部和我們周圍的一切，都是為了將我們帶到一個做出唯一的決定：與這個力量

04 實現精神基因

結合在一起。

但如果事情果真如此，我們應該問問，「這個所謂的仁慈的更高力量，為什麼要創造這樣一種我們目前面臨的殘酷和痛苦的現實呢？」在這方面，卡巴拉學家說：「那控告他人的，是在控告他自己的過錯。」這個世界的畫面是完全個人的、主觀的，並完全受到一個人自己的內在品格的改正程度的影響。

在 Concealment and Disclosure of the Face《對臉的隱藏與揭示》這篇文章中，巴拉蘇拉姆（Baal HaSulam）詳細講解了改變一個人的視野，改變一個人的感知工具的意義。在這篇文章中，巴拉蘇拉姆（Baal HaSulam）論述道，從改正的角度感知到的現象和從墮落的角度感知到的現象正好相反。透過利己主義的容器，看起來好像利己主義者獲得了成功；而透過利他主義的容器來看，他們卻似乎正在遭受痛苦。但這些人實際上在改變嗎？他們會從富足跌落到破落，從極樂跌落到悲痛嗎？此外，我們的改正能夠改變我們觀察的那些人的狀態嗎？

一個感覺到精神的現實，並同時觀察到物質的現實的人，和一個沒感覺到精神領域的人，在理解發生的事件和偶發事件上的態度、看法是不同的。這樣的人只看到自私自利的行為在我們的這個世界中是如何表現為不真實的、有害的，並且會在更高的力量和它們的行為者之間製造出越來越遠的距離。

在自私自利的容器中，一種現象被認為越是令人愉快和感到滿足，在一個感覺到精神世界的人的眼中，它離更高力量的本質卻越遠。在這樣的狀態下，那個人會感到它更令人痛苦，因為它使得那個人和更高的力量、和那個給予的品格之間的距離越來越疏遠了。

2.2 矛盾的現象

看來很難讓人們相信，研究人員會同意這樣一個觀點：「我們在自己的眼前創造出了這個世界的畫面。」這是因為這將意味著沒有什麼更多的東西可以去研究的了，而且，研究人員通常被認為就是那些渴望改變世界的人。但使用這種傳統的研究方法改變世界是不可能的。在這一點上，卡巴拉為研究者提供了新的工具，使他們能夠研究自己，並由此來改變世界。

換言之，卡巴拉將協助一個誠實的研究人員達到他或她想從一開始就想達到的目標——改變世界。但是，這個改變將是內部的，而非外部的。卡巴拉智慧將使人類及科學的感知發展到下一個超越時間、空間和運動的全新的階段。在那種狀態中，所有研究人員在今天看到的似乎矛盾的現象都將消融而變得理所當然。

現在，我們同樣能夠理解我們的願望是如何逐漸地演變發展的。我們從對財富的渴望，發展到對榮譽和權力的渴望，並最終到達對知識的渴求，現在我們已經發展到了追求精神願望的階段，這個願望導

04 實現精神基因

致了我們對卡巴拉智慧的揭示。

一位研究卡巴拉智慧的科學家將熟悉創造的基礎原理。這樣一位科學家將會驚奇地發現事物是如此緊密地和物質世界中被發現的規則連接在一起。隨後，物質世界的法則與精神世界的法則之間的這種等同性，將幫助研究人員解決當代生活中各個領域中存在的問題。

在生態、心理、社會或政治領域，在科學的各個領域中，我們都面臨著「正確的公式」的缺乏。在過去，事情沒有這麼複雜。例如，在牛頓的時代，只要發現少數幾個公式就足以解釋一切事物。但今天我們已提升到深入研究物質的一個全新的層次，在這個層次上，我們缺乏可以解釋物質的總體行為的公式。

如果科學自稱是從事有關人類和他們生活的這個世界的研究的話，卡巴拉指出，在我們研究的所有領域中，我們實際上只是在研究我們自己本身，而不是在研究我們周圍的世界。在物理、化學、生理、生態或任何其他科學中，我們並非在研究外部世界，而是在研究我們內在的世界、我們內在的容器。現代科學發現傳統的研究已經耗盡了它們本身。現在需要的一切就是認識到整個世界實際上都存在於我們自己的內部。

2.3 <u>一門新的科學</u>

我們今天無法看到的現實，我們受過去的思想的影響和禁錮而導

致的無知，我們與社會和環境相融的無能等等，全部都是由於我們認為世界存在於我們的外部這樣一個錯誤的前提所導致的結果。這就是為什麼我們沒有能力制訂出清晰、可持續的規則為我們提供可靠和安全的支撐。我們必須明白，我們都是從發生在我們自身內部的感知在判斷一切事物的，如果研究人員同意這個觀點，這將象徵著一門新的科學的開始。

這門新科學將有助於我們清楚地瞭解我們生活的這個世界，並和現實建立起一種正確的聯繫。為給人類帶來改正的方法，我們必須適應我們存在於我們自己內部的這個全新的觀點。不可否認，改變對現實的認知方式可不是一件小事，尤其是今天，我們要面對的這樣一個根本的改變。在過去，當一種新思想或方法產生出來時，它們總是需要時間來被接受。

所有最難的部分是向這種新的感知模式的轉變，因為根據這個新的感知模式，除了正在感知的個人以外，一切都不存在。所有以前的認知模式都堅決主張無論是在思想或是在行動中，在我們的外部都存在著和我們連接在一起的東西。人類是創造者唯一的創造物，以及除了正在感知的個人之外，只有「更高之光」存在的這一全新論斷確實很難讓人理解。

理解我們感覺到的一切都不過是內部的現象，並不是一個簡單的心理轉換。它其實是一種迫使我們向內在探索的一個根本轉變。一個人不能只是同意這個新的感知方式，而是必須培養和提高自己的內在

04 實現精神基因

的品格，使它們的形式最終變得和外部的「更高之光」的品格相等同。當一個人的品格改變，不再與創造者的品格相對立時，他就會開始感知，並發現創造者。在那種狀態，一個人相對於「更高之光」變得「透明」，而且，人類的本質——接受的願望也不再充當人類與「更高之光」之間的分隔物。

* * * * * *

卡巴拉介紹說我們感知的工具是由五個部分組成的；其中的三個部分被稱為「內部的容器」，而另外的二個被稱為「外部的容器」。用內部的容器，我們感覺到的是我們自己，而用那些外部的容器，我們感覺到的是我們周圍的世界。那些外部的容器創建出一種存在一個外部現實的感覺，這是因為它們是不完整的容器，而且還沒有完全發展出來。

當一個人最大程度地改正自己的容器（包括外部的容器）時，那個外部的世界也將會被感知而成為是內部的。因此，那個外部的世界將消失，會變成充滿整個現實的單一的「光」。由於正在進行改正的人透過消除自己和「更高之光」之間存在的品格上的所有差異，並且已經開始等同於「更高之光」，這個人將處於和「更高之光」互相可感知的一種狀態。這種狀態被稱為融合（Dvekut），一種一個人與「更高之光」完全結合在一起的狀態。

* * * * * *

量子物理學發現的做為粒子的物質的行為和做為波的物質的行為之間的差別，就等同於做為接受的願望的物質和「更高之光」之間的差別。透過卡巴拉，人類將會知道物質（接受的願望）需要演化到達哪種最終狀態，也就是為了在物質和「光」之間取得形式等同。

　　在那時，從我們的角度會看到在一個波和一個粒子之間，或者在「光」與物質之間沒有區別。在目前的狀態下，我們沒有能力比較兩個互相矛盾的事物，並將它們放在同一個屋簷下。只有當一個人真正認知到現實存在於內部，而在外部沒有任何東西時，只有當一個人放棄「我」和「我的外部」的固有觀念時，這些對立面才會融合為一體。

04 實現精神基因

第三節　自然的法則

我們生活在一個我們只知道其中一部分的世界中。在自然界中，存在著很多法則，其中一些我們很容易發現，因為在我們自己日常的生活中，它們很明顯。比如，萬有引力法則很顯而易見，因為如果我們在沒有合適的飛行器而試圖去飛行時，我們將會直接摔到地面上。

有些法則只適用於這個地球，而有些也適用於太空。這些法則中的一些可以透過感官和我們的身體被感知到，但也有很多其他法則，比如輻射規律，其行為卻是我們感覺不到的。我們只能看到它們產生的現象，我們不能感覺、聽到或看到波，但是我們確實可以探測並認識到它們產生的結果和影響。

但也有其他的法則，我們並不知道它們的影響。有時，我們感覺到某些現象，但我們不能清楚地確定它們的起源。不論任何一種方式，我們的經驗證明，如果我們能夠知道影響世界的所有法則的話，我們就有可能會快樂和成功。

有些規則我們從經驗中可以學到，有些行為規則是孩子們從他們的父母、親友、環境和整個社會中學到的。我們透過教育學習到的規則，並不是我們天生就知道的。它們是否真的就是以這種方式存在於世界，對我們來說並不是清楚的，但我們的教育工作者以不同的方式

說服我們，它們就是這樣的，並告訴我們這是一個值得信任的路徑。如果孩子們能夠自己看到他們被告知的有些規則是錯誤的，他們就不會那樣去做。

如果一個人不能親自理解用殘忍和邪惡的手段對待他人是一種壞的行為，如果一個人看不到盜竊是一種負面現象，社會將會透過對這些相關行為施加的懲罰來使你認識到這些。

如果我們知道在現實中存在一種法律決定：如果我們偷竊，自然將會回應我們一個負面的反應的話，我們就不會去做它；如果我們知道偷竊帶來的懲罰是疾病或導致我們或我們所愛的人發生可怕的事情的話，我們就會避免去偷竊。因此，在一個人不知道這個法律以及一個人的行為可能會產生怎樣的後果時，社會可以幫助一個人確定哪些規則是必須遵守的，並且相應建立起一套獎懲制度和規則系統。

顯然，我們很想知道自然的法則是如何運作的，以便我們能夠根據它來相應地行動，但是我們與社會以及和更高力量之間的關係的規則似乎是向我們隱藏著的。卡巴拉指出，只有當一個人徹底理解（達成）這些規則時，這個人才能夠遵循這些規則。當人類揭示整個系統，並且理解自己與更高的力量之間的連接關係時，我們肯定能夠遵照現實的普遍法則，也就是愛和給予的法則來行動。但在此之前，我們無法強迫任何人進入這樣一種狀態。

* * * * * *

04 實現精神基因

在卡巴拉科學當中,「上帝」與「自然」這兩個單詞的數位值是相同的(都是86)。這種等值強調了圍繞我們的所有的自然,無論是這個世界,還是更高的、精神的世界的所有力量,全都是上帝本身。那些力量組成的這個系統,正是創造者在我們面前的具體化的顯現形式。

我們知道,在這個物理世界的那些法則,而且也許在幾百年內,我們也會瞭解其他的額外的法則,但這並不是我們的問題產生的根源。隨著我們的進化,我們一定要知道那些精神的法則,也就是在那些存在於我們內部的與那個人類層面相關的精神法則。

目前,我們不僅不知道它們,而且我們甚至還沒有接近於知道它們。因此,人類一代比一代在陷入更深層次的困境中,而且我們的情況也變得越來越令人絕望。我們在物理學、化學、生物學或任何其他領域的科學中發現的物質的規律都不會給我們帶來幫助。用科學的發現去造福人類的方法不會使我們的生活變得更加美好、更加安全或更加完整,原因是因為我們沒有遵守那些精神的法則。

如果人類的利己主義阻止我們去按照每個人應得的利益去分配,即使我們透過學習如何增產,獲得更多的糧食,這又有什麼益處呢?人類正在使用每一個自己已經發現的法則在對抗著他們自己,因為他們還沒有改正自己以使自己能夠被稱做為人類。我們會遭受痛苦的原因,是因為我們不知道如何操控存在於我們自己內在的那個說話的人的層面。全人類的所有問題的根源就源於這樣一個事實:我們沒有使

自己正確的行為。

人類互相殘殺，他們沮喪、害怕，並絕望。所有這些現象都是存在於我們內部的這個語言層面而產生的弊病，而不是在我們內部的那些靜止的、植物的或動物的層面等產生的問題。對屬於我們內部的那些靜止層面、植物層面以及動物層面的任何事物，我們並沒有感覺不好。

我們有食物、水和住所。過去的歷代人生活條件都很嚴酷，但人們卻更快樂。而我們卻感到不幸福，這一切都源於在我們內部的那個說話的層面和自然的力量之間存在的不平衡。除非我們改變、研究這些力量，並與它們取得等同，否則這種狀態將永遠不會改變。

我們就像是永動機的引擎上的一顆螺絲釘，如果我們不是精確地處於正確的位置上，如果我們和整個機器沒有同步運作，我們就一定會感到不舒服。我們並沒有急於根據這些力量來改正我們的處境的事實，最終可能使這些力量反過來對抗我們。在一兩千年前，人類與自然這部機器並沒有如此對立。但今天，我們雖然發展得更先進，但卻變得更加自私自利、更殘暴，並因此與自然的法則處於一種更大的反差當中。巴拉蘇拉姆（Baal HaSulam）說，這正是我們的痛苦隨著每一代在不斷加劇的原因。

……自然，就像一個非常稱職的法官，根據我們的發展懲罰著我們、我們可以看到人類發展的範圍延伸到哪，痛苦和折磨就跟著增加

04 實現精神基因

並延伸到哪……除了我們今天正在遭受的打擊之外，我們還必須考慮那把懸在未來的利劍，而且我們必將得出那個正確的結論：自然會最終戰勝我們，我們將被迫不得不聯起手來並盡我們最大的努力去一起遵守這些誡律。

——巴拉蘇拉姆（Baal HaSulam），《和平》

這個自然的法則系統永不停息地作用在我們身上，在這方面它不會徵求我們在這件事上的意見。如果我們知道它，我們將會與它友好相處，並因而過著幸福的生活。但如果我們不研究它，隨著我們繼續進化發展，我們與這個系統的平衡狀態將會相去越來越遠，我們也將感到越來越不舒服。

為了發現精神的法則，我們必須開始改變我們自己，並按照這些法則來行動。這就是為什麼現在我們被給予卡巴拉智慧的原因。因此，到目前為止，我們已認識和發展出了有關靜止、植物、動物等各個層面的科學，如今與說話的人類的層面相關的卡巴拉智慧正在浮現出來。

第四節 卡巴拉——真正的現代科學

與其他任何科學不同，卡巴拉將為我們揭示更高的世界。這就是它為什麼常被稱為「智慧」，而不是「科學」。卡巴拉智慧採用的實證科學的方法和應用於其他領域的研究都基於相同的研究原理。同樣，卡巴拉也將觀察者做為研究物件，並且也從一個人感覺現實的主觀角度來研究現實。與人類研究的任何其他領域相比較，卡巴拉智慧的獨特性在於其研究的對象是現實的更高的部分。

卡巴拉智慧使人們到達現實的根源，那不僅僅是整體的另一個片段，而是之前我們從未到達過的現實的最高層次。到達現實的根源給予研究人員在一個事件在我們這個世界發生之前就控制這些事件發生的能力，以及賦予我們干預和改變它們的能力；運用他們獨特的方式領導並引導這些事件的展開。

如果我們能以這樣一種方式決定我們的願望，使得整個現實在我們看來都在朝向給予創造者的方向上發展，如果我們想生活在這樣一種現實中，在這裡，所有五官都致力於一個單一的目標的實現，也就是都在為了使創造者快樂而服務，那麼，在那種狀態中，我們將在這個「第六感」的範圍和層次上，決定我們對現實的態度。

這意味著持有一種利他主義的態度看待現實時，我們會產生一種

04 實現精神基因

與透過我們的五官感知到的物質現實特性完全不同的一種現實。我們不再只感知到現實的一個小小的部分，而是到達它的最根源處，提升到現實的控制室、現實的總部。

這樣做，我們可以提升至超越創造物的水準，而達到創造者的高度，也就是「穿」在世俗的物質之內的那個更高的力量的源頭之處。如果我們改變我們對那些還處於它們的根源的力量的態度，我們感知它們「穿」在我們的世界內的形式會是一種完全不同的形式。空虛的感覺將會讓位於對「更高之光」的感覺。

現實一直在不停地朝著創造者將自己啟示給他的創造物的方向前進。一切都取決於一個人對待現實的態度。如果創造物心甘情願地向這一目標邁進，透過使自己變得類似於創造者，那個人對創造者的啟示的體驗，將是一個流經自己，並持續增強的豐富的湧流。

相反，如果對創造者的啟示表現為不情願，也就是創造物不願意付諸努力去變得類似於創造者時，對創造者的啟示將被感知為是一種威脅和邪惡，這一切都是由利己主義的個人和以給予為其特性的更高現實在形式上存在的差距所引發的。

在一種和創造者形式存在著差異的狀態下，揭示創造者將為一個人的生命帶來黑暗。這個黑暗是「更高之光」的「背面」。「更高之光」已經充滿我們，但我們目前卻無法發現它，而且，黑暗的出現是為了做為一個邀請我們改變我們對待現實的態度並發現「更高之光」

的邀請的號角。

第六感並沒有被添加到我們的五種自然的感官裡面；而是單獨地位於他們的上面。正如我們這個接受的願望是透過五種感知的模式、即我們的五官來感知物質的現實那樣，我們的第六感同樣包括感知更高現實的五種感知模式。在這個第六感的幫助下，另一個現實在其五官內被感知到，而這就是從黑暗向光明的轉變，從空虛、恐懼和折磨，向豐富、安全、寧靜、永恆和完美的轉變。

獲得這個第六感可以透過豐富的正面印象擴展我們的知識。當我們獲得了這種感官時，「更高之光」將做為一種豐富充滿這些容器，而不再表現為黑暗。這種新的狀態會改變科學研究的結果。物理學家和化學家，生物學家將獲得他們的新的研究結果，彷彿發現了那個硬幣未知的另一面。人類將停止研究沒有「光」的飽受苦難的容器，取而代之的是，在一種真正自由的意志下，我們將會朝著創造者的「光」的方向蓬勃發展，茁壯成長。

這樣的存在將是從「更高之光」的角度以及從一個已改正的感知容器（Kli）的角度來看的一種真正的存在，因為，帶著利他主義的目的，使得這個感知容器（Kli）變成像「光」一樣，並獲得了「光」的形式和品格。人類將透過利用第六感——即利他主義的意圖去發展科學。透過和「更高之光」等，同吸引到「更高之光」，將為人類展露出自然的不同的存在狀態，這是一種正面積極的而非負面消極的存在方式。

04 實現精神基因

存在的所有層面都包含在人的內部，它們與他共起共落，興衰與共。如果一個人變成一個「真正」的人，也就是像創造者那樣，那麼自然的所有層次，非生命的、植物的和動物的層次，都將獲得一種完全不同的滋養和滿足。當人類變得像創造者一樣時，我們這個世界將會與 Beria，Yetzira，Assiya 等各個世界合併，並與它們一起提升到 Ein Sof 無限世界。然後自然的所有一切都將提升並與創造者結合在一起。

在利己主義和墮落的狀態中，一個人看不出現實的畫面是空虛的，而且在其中他也看不到創造者的存在。隨著這個第六感的獲得，創造者展現為現實的提供者。他展現在現實的每一個細節裡面，結果，五種感官的感覺證明那個狀態的存在，彷彿它們是從創造者那兒來的禮物。在那種狀態下，這個世界表現為一個人和創造者接觸的程度的度量衡，呈現為個人與創造者之間的黏結度的度量值。

一個人越強烈地感覺到創造者充滿在現實中，這個人就越多地發現創造者存在於自己的內部，並引導自我的感覺轉向對創造者的感覺，而且這個人就會更多地失去對自我的感覺。所有保留的只是做為一個觀察者存在的一個微小的點，觀察著對創造者從內在或從外在的揭示。這就是為什麼卡巴拉說，創造者創造了感知容器（Kli），並同時用世界的畫面充滿了它。

正是透過「自我的消失」這個感覺，一個機會的大門在一個人面前得以敞開，他可以開始去確定自己。正是在這一精確的點上，一個

人可以完全決定自己對待現實的獨立的態度。

透過辨別出這個 Kli 不是屬於自己的，也就是它的填充物並不歸屬於自己，一個人開始認知到自己決定對待現實的態度的能力。在這一點，一個人開始在五官之上培養第六感，並在這個感官上建立一個人的真我（self）。從這個感知容器（Kli）的角度看，一個人決定如何去感覺 Kli 中的填充物，並根據填充物來決定一個人的身分。這就是一個人是如何在被稱為「卡巴拉智慧」中實現噴射式快速進化成長的。

因此，我們看到人類透過自己的五官研究培育出的科學，僅僅只反映了整個現實畫面的一個很小部分。很多變化將繼續展現在科學中，而且其研究的邊界也將遠遠超越目前的知識和發現。人類已經發現的那一小部分現實，只是從我們這些空虛的容器中揭示出來的，而不是來自改正後的容器中所展現的豐富內容。科學家們對他們已經到達了研究的死胡同的這一認知，實際上正是對這些空虛的容器的認識。人類已經發現了所有它能在這些容器內發現的東西，而「光」卻還沒有出現在這個 Kli 容器之中。

人類的科學和它的所有分支都是從一個缺乏豐富的位置處得到的知識的累積。科學，像每個人類從事的其他事業一樣，都呈現出對發展的消極性和無能為力。今天，容器中對豐裕充足的缺乏，正將人類領向一個更深層次的絕望。整個人類都開始承認，所有世俗的快樂包括性、食物、家庭、財富、榮譽、權力和知識等等都沒有為人類提供

04 實現精神基因

真正的幸福和滿足,而只是將我們扔在空虛感之中。這個空虛感正是渴望揭示更高的精神世界的科學,也就是卡巴拉智慧背後的驅動力。

很多科學家和哲學家都承認他們感到這個世界正處在一個真正的威脅中。從他們的角度看,人類不僅已失去了控制,而且也不知道它將要走向哪裡。在人類走到將要消滅人類自己生活的各方面,包括生態、社會、經濟和文化、研究和教育等的鴻溝的邊緣之前,自然只留給人類幾年的時間去繼續發展。科學家們已經明白,如果不發現創造的思想,不瞭解物質產生的本質,科學就不可能再向前獲得任何進展。他們留給人類僅僅只有幾年的進化發展時間,並且都發覺到整個人類正面臨著一個前所未有的危機。

以前,人類也遭遇各種困境,但它們總是只在人類生活的某個單一的領域中出現:宗教、文化、工業或科學。當一個領域衰敗時,其他領域升上來取代其位置;新思想更換舊思想,世界也由此走向一個又一個新的紀元。但是,今天,人類從事的所有的事業都已經到達了一個全面否定的狀態。

人類似乎正走回到宗教,就如以前科學、工業主義和文化取代宗教的位置時的狀況一樣。事實上,這一次卻呈現出一種非常不同的形式。這一次的全球性的宗教熱潮和各種各樣的神秘教義的出現,並非是由於它們對人們產生的強大吸引力,而是因為人類缺乏可供選擇的選項所致。

人類正在失去對科學技術將改善其生存狀態，並能將其苦難的生活變得甜美幸福的希望。宗教再次吸引人們的理由是人們想再嘗試一次，再瞭解一次，並且這也會是最後一次證明人類在宗教中是找不到解決目前這個危機的藥方和解藥的。

　　宗教設計了各種理論與哲學，認為科學和宗教可以進行合併，從而改善我們的生活。但這一概念也將會被證明是錯誤的。這一次宗教的再度興起將是最後的一次。它將導致人們認識宗教沒有能力為將要浮現的那些空虛的容器提供一個真正的答案。

　　因此，今天正在不斷演化的所有過程和危機，是人類在利己主義的容器中數千年進化的歷史的一個總結。從這裡開始，我們必須培養新的利他主義的容器。這些容器將在我們面前展現一個豐裕、完美、永恆和光明的完全不同的現實。而最後，所有人類都將發現那個現實，而這正是創造的目的。

附錄

附錄 1　術語表

在所有的現實中，除了創造者和創造物，即「光」和容器，或者更高的和更低的之外，別無他物。卡巴拉著作採用多個名字和稱呼，就是為了用於強調描寫它們之間的關係的各方面。以下是我們可以用於描述它們的主要屬性。

創造者	創造物
更高的力量、「更高之光」、更高的、「光」、創造者、上帝、神性、創造者、給予的特性、給予的願望、取悅別人的願望、上面的本性、利他主義的本性、精神本性、Bina 的品質、給予者、領導者、「光」的發出者、主權、引導。	感知容器(Kli)、創造物、靈魂、接受的品質、接受的願望、更低的本性、利己主義的本性、肉體的特性、物質的本性、Malchut 的品質、接受者

卡巴拉學家既從上面的角度也從下面的角度來識別各種事件、行動和行為方式，並賦予它們每一個獨特、唯一的名稱。他們這樣做是為了幫助那些精神世界的探索者在其探索的道路上可以在其中找到他們的路。本書是為那些還沒有到達精神世界的人而寫的，也正是這個原因，並沒有強調這些不同名稱之間的區別。

卡巴拉的每個術語都富有很多的內涵，具體取決於其上下文和現實的其他元素的聯繫。因此，這些術語表中的定義的目的是為了描述在這本書中介紹的上下文中的術語。

術語	定義
抽象的形式	沒有「穿」在物質身上的給予的形式。
亞當（指總體上的人或全人類）	獲得給予的品質並與創造者、「更高之光」等同的接受的願望。亞當這個名字來源於希伯來語 Adame la Elyon（「我將與 最高者一樣」《聖經》，以賽亞書 14:14）。
Adam ha Rishon 共同的靈魂亞當	包含所有靈魂個體的總體的靈魂（或系統，其中每個靈魂個體都下降到了這個世界並「穿」上人的身體。
融合	當創造物的形式和創造者的形式等同時的結果。
利他主義	改正後的接受的願望，其意圖是為了取悅別人，而不是為自己接受快樂；給予他人的願望。
達成	理解的最高階段，完全感知到一個狀態中的每個單一的元素。
創造者的品質	給予的品質。
創造物的品質	接受的品質。
Aviut（厚度）	在創造物中接受的願望的強度的度量。
壁壘	這個世界和精神世界之間的分界線。
仁慈的（好，且只做好的）	創造者對待其創造物的態度。
給予創造者	從創造者處接受快樂，但意圖卻是為了使創造者高興。
破碎（亞當的原罪）	在創造物自身內享受「光」的意圖的形成過程。
「穿」上（「穿」上了）	一種特性取得其他特性的形式，並通過它表現一個特定行動的過程。
肉體世界	使自己享樂的願望。

附錄

改正	從接受的願望改變為給予的願望。
物質世界的創造	接受的願望離開創造者,從給予的形式,降落到最後的也是最低的層次的過程。
創造者	指一個人在其改正的最後到達的層次。希伯來語創造者(Boreh)來自來看(Bo Re'eh)。這是一個人應該自己來和看的 層次,意思是要靠一個人自己到達那一層次。
創造物	發現了它與創造者的連接的接受的願望。
達成的程度	改正意圖的階段,在其中給予的品質被感覺到。
渴求	接受的願望的添加劑。創造物為了獲得其想要的東西而付出的努力喚醒了其內部。
亞當 (Adam ha Rishon) 靈魂的分裂	整個靈魂分裂為不同的單個靈魂,也就是個體的願望。當在共同的靈魂亞當中的所有願望都有著共同的給予創造者的意圖時,它們就團結為一體;當在這些願望中這個意圖的目的變為自我滿足時,每一個願望都感覺到自己與其他願望分離,因而統一的靈魂分裂。
利己主義	接受的願望,它是整個創造的實質,其中並沒有好或壞之分,它是一種有意識地為了取悅自己而去接受的意圖。這個 意圖直接或間接地危害他人。
改正結束	指創造物的形式和創造者的形式取得完全等同時的狀態。
形式等同	獲得給予的品質,而不是接受的品質。
本質	所有形式的根源和基礎。
永恆	接受的願望與給予的品質的結合,給接受的願望帶來一種無限制的接受到「光」的感覺。

接受的願望的演變發展	這個術語與接受的願望本身無關,而與使用它的意圖有關。所有的願望,從最小到最大,都在我們的內部。這些願望在我們的內部被喚醒以使我們到達為了給予創造者的目的。換言之,演變發展是在意圖中進行的,正是這個意圖使我們能夠使用其他額外的願望。
填充(充滿、滿足)	在接受的願望或給予的願望中,感受到滿足的感覺。
「穿」在物質中的形式	接受的願望採用給予的形式。
形式(模式)	接受或給予的方式。
從上向下	在創造物中,接受的願望的產生和給予的力量消失的過程。
自下往上	在創造物中,給予的力量逐漸戰勝接受的力量的過程。
普遍法則	給予的法則,這一法則涵蓋整個現實,並且強制它的所有部分在它們的形式上與它等同。
上帝/神	給予的總體的力量,它指引所有的靈魂並將它們帶到與它形式等同的狀態。他投射那個神聖的品質給接受者。
神聖、「更高之光」、更高的力量	指引現實的給予的品質,包括在更高的世界和我們這個世界的所有的法則。
胚胎期、嬰兒期、成人期	創造物從精神的誕生,到完全改正的過程中經歷的3個狀態。
創造者的形象	在接受的願望中,改正了的意圖的總和,這些意圖在這些願望中,被感知為創造者的形象。
為了給予	一種意圖是為了把快樂帶給別人或創造者的行為。
為了接受	一種意圖是為了把快樂帶給自己的行為。

附錄

輪回轉世	在這個世界中，靈魂經歷的，它們「穿」上不同身體時的狀態。
結合	內在品質的結合（連接）。
內部之「光」	在創造物中，根據它與「光」的形式等同的程度，在創造物中對創造者的揭示。
內部的感知容器、外部的感知容器	現實的畫面是創造物在自己的感知容器中感知到的。內在的感知容器是已經充分改正的產生出對內部現實的感覺的感知容器；外部的感知容器是一部分改正的感知容器，根據它們改正的程度，相應產生出對外部的、遙遠的現實的感知。一個感知容器(Kli)改正得越多，通過它感知的現實就越接近真實，一個感知容器(Kli)改正得越少，通過它感知到的現實就越遠離真實。
意圖（目的）	利用接受的願望的目的，是為使自己受益，還是使別人受益。
卡巴拉學家	已經獲得和創造者之間形式等同的程度的創造物。
感知容器(Kli)	接收填充物的地方。
勞作（努力，盡力）	接受的願望為將快樂拉近自己所做的努力。
「光」	控制並充滿所有靈魂的給予的力量。
改正之光、環繞之光、改正的光	改正利己主義本性，並將它提升至給予的品質的力量。
對創造者的愛	創造物盡自己所有努力為使創造者快樂的願望。
對人的愛	滿足其他人的需要，而不考慮自己的願望。
更低的本性	接受的願望。

Malchut de Ein Sof（Ein Sof 世界的 Malchut）	所有現實的總體願望，由「更高之光」創造出來。
屏幕（Masach）	在創造物中產生的超越接受的願望之上的給予別人的意圖。
物質世界	通過 5 個身體感官感知到的現實。
實質	接受的願望。
接近創造者	獲得更多程度的給予的品質。
我們的世界	在接受的願望中感覺到的現實。
Parsa	在更高的引導和領導者和被它們控制的創造物之間的邊界。Parsa 位於 Atzilut 世界和 Beria，Yetzira，Assiya 世界之間。
Partzuf	由 10 個 Sefirot 構成的一個結構，它通過和「更高之光」的 形式等同來運作。
模式（形式）	接受或給予的方式。
完美	當創造物和創造者取得形式等同時的狀態。
人（在這個世界）	接受的願望處在一種創造者隱藏著的狀態中。因此，這個接受的願望既沒有從創造者那兒接受，也沒有給予創造者的意圖。
快樂	滿足接受的願望的結果。
心裏之點	想知道更高力量的願望的覺醒。
創造的過程	在接受的願望中感覺到的其發展與創造者形式等同的過程。
創造的目的	為他的創造物帶來絕對的利益，也就是為了使創造物到達創造者的狀態。
認知邪惡	認識到只為自己接受的意圖是有害於創造物的精神進步的。

 附錄

記憶恢復，精神基因 (Reshimot)	還沒有通過意圖實現之前的願望。它們是包含有那些在將來要實現的狀態和形式等數據的「信息單元」。
對創造者的啟示（揭示）	根據被加在接受的願望之上的屏幕 (Masach) 的強弱程度，給予的品質在接受的願望中的顯露。
靈魂的根源	每個靈魂在共同的靈魂亞當 (Adam ha Rishon) 中的位置。
亞當的原罪（破碎）	在創造物自身中享受「光」的意圖的形成過程。
第六感	即靈魂，給予的意圖，屏幕 (Masach)。所有這些都是指一個精神的感知容器 (Kli)，根據它和更高力量之間形式等同的程度，接收並感知到更高的力量。
靈魂	給予的願望。
精神誕生	在創造物的品質中，第一次獲得給予 (Masach) 的意圖。
精神的演變發展	指給予創造者滿足的意圖的演變發展，也是指給予的品質的演變發展。
精神的感知容器 (Kli)	為了給予別人而接受滿足的地方，一個給予別人的工具。
精神現實／精神世界	給予的品質以及在其中感覺到的所有事物。
10 個 Sefirot	創造物的 10 個部分。其中前面的 9 個部分是「光」的品質，其中第 10 個部分是接受的願望。
更高的系統	一種接受的願望和「光」處於互相給予的狀態，正如在創造的思想中決定的一樣。
Ein Sof 世界	靈魂在其中可以無限制地給予創造者的狀態。
這個世界	最小的接受的願望。它沒有取悅「更高之光」或被它取悅的意圖。

創造的思想	創造的起因，與創造的目的關聯，也就是與創造物的最終形式有關聯。
給他的創造物帶來利益	創造者對創造物的行為。
更高的力量、「更高之光」、神聖	領導現實的給予的品質，包括在更高的世界和我們這個世界中所有的個別法則。
更高的本性	給予的願望。
更高的世界、精神世界	當一個人到達與更高的力量形式等同的某種程度時，呈現出的狀態。
想要	接受的願望在接受到填充物之前的印象。
給予的願望	(A)「更高之光」的本性。 (B) 一個人改正後的接受的願望，一個人通過給予別人或創造者的意圖去使用它。
取悅的意願	在願望之外帶給陌生人快樂的意圖，是給予的意圖。
享受的願望	接受愉悅和快樂的願望。
接受的願望	人的本性—滿足自己的自然的願望，是由「更高之光」創造出來的。
卡巴拉智慧	在感知容器 (Kli) 的演變發展的每一個階段上「光」與感知容器 (Kli) 之間的關係的揭示，從現實創造的開始一直到其改正的結束。
各個世界	是一個人使自己的品質等同於更高力量的品質、即給予的品質的過程中所體驗到的不同狀態。
限制 (Tzimtzum)	對不允許接受的願望只為自我滿足而接受做出的限制。

 附錄

附錄2 歷代卡巴拉學家對卡巴拉的描述

- Moshe Chaim Lutzato（The Ramchal）（1707～1747）

人類從事的所有事情都被一個單一的、內在的前提指導著，並且這個內在性「穿」在所有人的內部。它就是被他們被稱為「自然」的東西，它的希伯來字母數位值和「Elohim」（上帝）相同。這就是創造者對哲學家們隱藏的真相。

——Ramchal，The Book of the War of Moses《摩西的戰爭》，15章

- Eliahu-The Vilna Gaon（1138～1204）

我們的老師，Vilna Gaon，廣泛從事著自然特性的研究和這個物質世界的研究，為的是達成Torah的智慧，以便在那些民族中純淨上帝的名，並將救贖拉得更近。從他年輕時，他就在所有的七個教義中都展現了奇蹟。他還要求並吩咐他的門徒們，盡可能多地從事這七個世俗教義的研究，而這些也是為了提升Torah的智慧在其他民族的眼中的份量，以便提高以色列的智慧在世界的地位，正如經文所說：「因為這是你的智慧和你的理解在那些人民的眼中的見證。」

——Hillel Shklover，以Vilna Gaon之稱聞名，The Voice of the Turtle-Dove《斑鳩之聲》，115頁

關於對那七個教義的研究，我們的老師告訴我們：「彌賽亞的啟示將和 Torah 的智慧的啟示攜手一同到來，並且將透過對隱匿在 Torah 中的秘密和對那七個教義裡的揭示而顯示出來。」這就是在光輝之書（VaYera 117）中所講到的：「在 1840 年，伴隨著對彌賽亞的逐步啟示的開始，智慧的大門將從上面打開，智慧的泉水也將從下面湧上來。」

——Hillel Shklover，以 Vilna Gaon 之稱聞名，The Voice of the Turtle-Dove《斑鳩之聲》，117 頁

他會經常沉重的嘆息並說：「為什麼這些民族會說，『以色列的智慧在哪裡？』」，他會經常輕聲告訴我們那些認知到我們的 Torah（摩西五經）的人所做的確實是為了頌揚上帝的名，就如以色列的古代聖賢們所做過的那樣。他們之中有很多人透過研究來自創造者的奇蹟的自然的秘密，而獲得了廣泛的知識，並利用這些知識來頌揚上帝之名。在世界各個民族中的正義者中，很多人也高度弘揚了以色列聖賢們的 Torah 智慧——例如 Sanhedrin、Tanaaim、Amoraim 的成員等，以及後代的那些成員，像我們的 Rambam、Baal HaTosafot 和其他一些人，他們也在世俗科學的探索研究中，在各個民族間，為淨化上帝之名做出了大量的努力。

——Hillel Shklover，以 Vilna Gaon 之稱聞名，The Voice of the Turtle-Dove《斑鳩之聲》，118 頁

附錄

研究那七個教義,可在各個民族的眼中,幫助他們達成(徹底瞭解)Torah 智慧中隱藏著的那些秘密,提升以色列智慧的地位,並純淨上帝的名,而且同時將救贖帶給世界。

——Hillel Shklover,以 Vilna Gaon 之稱聞名,The Voice of the Turtle-Dove《斑鳩之聲》,118 頁

要想瞭解並達成包含在智慧的「更高之光」中的 Torah 智慧,研究學習隱藏在這個更低的世界、這個自然世界中的七個教義同樣是必要的。

——Hillel Shklover,以 Vilna Gaon 之稱聞名,The Voice of the Turtle-Dove《斑鳩之聲》,119 頁

以下這些就是那七個教義:(a) 運算、屬性和測量的智慧;(b) 創造和組合的智慧;(c) 醫學和生長的智慧;(d) 推理、語法和律法的智慧;(e) 音樂和神聖的智慧;(f) 改正和結合的智慧;(g)BRW(風和雨之間)的智慧和精神的力量。我們的老師徹底通曉所有這些教義。

——Hillel Shklover,以 Vilna Gaon 之稱聞名,The Voice of the Turtle-Dove《斑鳩之聲》,120 頁

• Abraham Yitzhak HaCohen Kook（1865～1935）

　　理性之所以發展，只是因為超越它的意識的界限之外，隱藏的部分為它做了科學和道德兩方面的工作。那種普遍認為隱藏的部分遮掩了明確的科學和準確的批判的流行假設是錯誤的。實際上，正是透過隱藏的部分，伴隨著它的嘍鳴的力量和理性的深度，才使科學變得具有創新，精確並深刻的批判精神，也因而才為科學奠定了堅實的基礎。透過將隱藏和批判主義這兩塊瑰寶中蘊藏的財富結合在一起，就為更高的神聖之「光」建立了一個堅實的基礎，使他可以超越任何語言和認知。

——Kook，Orot《光》，92 頁

　　蘊涵在 Torah 中的無所不在的秘密——不論是從科學的角度，還是從情感的角度，或者從想像的角度——越多地出現，越多地傳播，並變得越適合普通人去進行常規、不斷地研究，那麼，一個人的靈魂以及整個世界的靈魂就可以提升得越高。

——Kook，Orot《光》，90 頁

　　沿著時間長軸發生的各類事件，社會關係的增長和科學的擴展，都大大提煉了人類的精神。

附錄

——Kook，Orot Emuna《信仰之光》，67 頁

人類的未來確實終將到來，那時它會發展到如此健全的一種精神狀態，以致於不僅每個專業都不再相互隱藏，而且每一門科學都會反映出整個科學的海洋，每一個情緒都將反映情感的完全的深度，就像這個事物在實際的現實中的本來面目那樣。

——Kook，Orot Kodesh A《神聖之光 A》，67 頁

這裡存在著一種特定的崇高的美德，依靠它，知識變得越顯而易見，那個隱藏範圍的力量也變得越強大。

——Kook，Orot Kodesh A《神聖之光 A》，65 頁

一個人應該始終竭盡全力使他自然的頭腦的智力程度充滿其所有的品格中，這樣的話，「在一個健康身體中的健康靈魂」的內容也會在其精神的程度上被保留下來。

——Kook，Orot Kodesh A《神聖之光 A》，66 頁

正如人應該變得習慣於物質的本性和它的各種力量，用控制他是其中的一個部分的那個世界的相同的規則，研究它的行為方式，並

且,在它的內在控制就像從外在控制它們一樣,所以,而且更應如此,他應該(而且必須)變得習慣於那些他只不過是其中的一個部分的那個控制著整個現實的精神本性的規則。

——Kook,摘自其手抄筆記本 Treasures of the Raayah《Raayah 的寶藏》,1985 年,23 頁,第 4 條

人類願望的力量的巨大價值、它在現實中的程度和它的緊要性,還沒有被透過 Torah 的秘密的揭示顯現出來。而這個揭示將是所有科學的皇冠。

——Kook,Orot Kodesh C《神聖之光》,66 頁

科學將從事把所有的細節從潛在狀態帶進實際狀態中,這是控制著世界的善良和誠實的本質所渴望實現的,而且它們是有價值的物質和精神生活的所有需要。

——Kook,Orot Teshuva《懺悔之光》,50 頁

大約在 1923 年,愛因斯坦教授訪問了以色列。他和我們的 Raayah Kook 之間被安排了一次會議。

……Kook 導師談論到愛因斯坦教授的方法的綜合性並評述它是

附錄

　　古代猶太的文化瑰寶中常見的觀念,這些觀念是一些震驚整個人類的令人驚嘆的啟示,它們在我們古老文獻中一些隱藏的角落被發現,特別是那些超自然的秘密,它們閃電般高飛到達概念領域的最高點,並超越歷史的演化進程在概念領域中的每一個層次。愛因斯坦讓每個思想家都嘆為觀止的新的相對論方法的奇妙啟示,同樣也被發現其來源早就已經在超自然的秘密和卡巴拉著作中以及那些有關它們的評論中表述著。

　　……而且,愛因斯坦教授,透過他偉大的頭腦的力量,穿越那智慧的海洋,並在其中找到了一條引出所有科學的思想和概念的路徑。很自然地,愛因斯坦教授非常認真並很有興趣地聽取了這些話。他從哲學的視角評論了 RAV 對他的方法的理解,他的方法最終建立在對整個世界的構造的技術的認知上。

——2002 年,Shmuel Shulman 對 Kook 導師和阿爾伯特·愛因斯坦之間會談的紀錄 Treasures of the Raayah《Raayah 的寶藏》,87 頁,第 1 條

• 耶胡達阿斯拉格 Yehuda Leib HaLevi Ashlag

　　(巴拉蘇拉姆)(1884～1954)

　　……他們對於一個精神物質如何可能和物質的原子有任何一種聯繫,並如何帶給它們任何一種運動還沒有找到科學的解答。……在這裡,我們只需要卡巴拉智慧以便以科學的方式向前邁出一步,因為世

界上的所有教義都包含在卡巴拉智慧當中。

——巴拉蘇拉姆（Baal HaSulam），《自由》

……輪迴化身在這個可見的現實的所有物件中都發生，並且每個對象，都在以自己的方式生存在一種永恆的生命中。雖然我們的感官告訴我們一切都是暫時的，但是，它只是看起來是如此。但事實上這裡只有化身，因為每個物件都沒有休息片刻，只是在形式轉化的車輪上不停地化身輪迴著，在這個過程中其本質並沒有任何的丟失，正如物理學家們已證實的那樣。

——巴拉蘇拉姆（Baal HaSulam），《自由》

……你可以推斷出關於真相的智慧，其中包含了所有世俗的教義，這七個世俗教義是它的七個小女兒。

——巴拉蘇拉姆（Baal HaSulam），《「生命之樹」之書的導讀》，第4項

正如一個人如果不具備有關自然的物質規律的一些知識，就不能夠維持他的身體的生存一樣……同樣，除非一個人掌握了有關精神世界的系統的本質規律的一些知識，否則其靈魂在下一個世界中也不會有任何生存能力……一個人會一次又一次地輪迴，直到一個人獲得了

 附錄

對真理的智慧的完全的達成。

——巴拉蘇拉姆（Baal HaSulam），《從我的肉身我應該看見上》

科學總體上分為兩個部分。一部分被稱為「物質知識」；另一部分被稱為「形式知識」。

……那部分對現實中的物質的品質進行研究的科學，同時即從事沒有物質形式的單純物質的品質的研究，又從事當物質和物質的形式結合在一起時物質的品質的研究時，這部分科學被稱做是「物質知識」。這種知識是建立在實證的基礎上，也就是建立在證據及從實驗中得出的推論的基礎上，而這些實驗被用來做為其得出真實推論的堅實基礎。

科學的第二部分，只從事從物質中剝離出來而與物質本身沒有任何聯繫的形式的研究。

……因此，任何對這種科學的研究只建立在一個理論的基礎上。這意味著它不是根據實際經驗得出的，而只是來自理論探討中的研究。所有那些高高在上的哲學都屬於這個類別。因此，許多當代學者已放棄了這種方式，因為他們不滿意於任何一種只建立在理論基礎上的研究。他們認為，這是不確定的，因為他們認為只有那些有實證基礎的才是確定的。

可以看到，卡巴拉的智慧也被分成上述兩個部分：物質知識和形

式知識。然而，相對於世俗科學而言，卡巴拉在這方面有著重大的優勢。這是因為在卡巴拉裡，即使是有關形式的那部分知識也是完全建立在對實踐為前提的理性鑑別之上的，也就是基於經驗、實踐的基礎之上的。

——巴拉蘇拉姆（Baal HaSulam），《卡巴拉智慧中的物質和形式》

真理的智慧意味著那個揭示神聖的智慧，也就是揭示創造者對其創造物的作用的方式的智慧，同那些世俗的教義一樣，應該從一代傳遞到另一代，而且每一代在其前者的基礎上都添加上另一個連結。由此這個智慧不斷得到演變發展，同時也越來越變得適合於更廣大範圍的大眾去學習。

——巴拉蘇拉姆（Baal HaSulam），《卡巴拉智慧中的物質和形式》

就像在這個世界中的動物和它們維持生計的行為的現象是一種奇妙的智慧一樣，神聖的豐富在這個世界的表現，包括在不同層次的存在形式及它們的運行模式，共同構成了一個奇妙的智慧，它遠遠比物理科學更加令人驚嘆。這是因為物理科學只不過是某些特定物種的行為的知識，它是在一個特定的領域中被發現的，並且只是針對這種物種的知識，而且在這個知識中不包含其他教義。

而那個有關真理的智慧卻不是這樣，因為它是對包括靜止層面、

附錄

植物層面、動物層面和語言層面在內的一種總體的普遍的知識，它適用並表現在所有世界中的這些層面的所有事件和行為當中，因為所有的事件和行為都整合在了創造者的思想當中，也就是說它都表現在這些有明確目標的載體中。因此，在這個世界的所有教義中，從最微不足道的到最偉大的，都是包含在這個智慧中的奇妙的部分。這個智慧使得那些就像從東和西互相不同並距離遙遠的所有教義都變得等同。它用一種對這些教義都相同的順序使它們等同，也就是直到使每個教義的運作都必須以自己的方式進行。

例如，物理科學正是根據那些世界的順序和 Sefirot 被精確地排列的。同樣地，天文學是由相同的順序安排的，音樂和其他學科等等也是這樣。

因此，我們發現所有教義都遵從一種單一的連接和一個單一的比率方式被安排著—它們就像孩子都類似於他的祖先一樣，都和真理的智慧相似。這就是為什麼他們互相取決於對方，也就是說真理的智慧取決於所有的教義，而所有這些教義也都取決於這個真理的智慧。這也是為什麼我們沒有發現任何一個真正的卡巴拉學家不是對所有這些世俗教義有著全面的瞭解的，因為他們從這個真理的智慧本身獲得了那些瞭解，因為它們全都包含在這個真理的智慧之中。

——巴拉蘇拉姆（Baal HaSulam），《卡巴拉智慧中的物質和形式》

附錄 3　歷代著名學者對卡巴拉的評述

• 約翰內斯・羅榭林（1455～1522）

羅榭林，德國人文主義者和當時總理政治顧問，也是經典的學者和古代語言和傳統方面的專家（拉丁文、希臘和希伯來語），被認為是當時的柏拉圖學院（della Mirandola and others）派的主要代表。

我的老師、哲學之父、畢達哥拉斯，絕對沒有從希臘人那裡，而是從猶太人那裡接受到這些教義的。因此，他必須被稱做是一個卡巴拉學家……，並且他自己也是第一個把卡巴拉，希臘人不知道的這個名稱，翻譯為希臘語的名稱哲學的人。

畢達哥拉斯的哲學，源自於像無際的海洋一樣博大的卡巴拉智慧。

這就是卡巴拉，它不讓我們在這個世界上虛度光陰，浪費我們的生命，而是將我們的智慧提升到完全理解的最高水準。

——羅榭林，《卡巴拉藝術》

• 焦萬尼・皮科・德拉・米蘭朵拉（1463～1494）

義大利學者和柏拉圖式的哲學家，他的 De Hominis Dignitate Oratio《論人的尊嚴》，創作於 1486 年，是一部文藝復興的代表作。它反映了他從其他哲學中摘取最佳要素並將它們結合到自己作品中的

附錄

融匯的方法。此外，德拉·米蘭朵拉在閱讀了卡巴拉、《聖經》和《古蘭經》的原始的語言後對它們進行了研究。

這種對律法（vera illius legis interpretatio）的真正的解釋，在虔誠的傳統中神聖地啟示給摩西的律法，稱為卡巴拉（dicta Cabala est），在希伯來語中該詞就是我們的接受（receptio）的意思。

總的來講「有」兩種科學——並且都由一個名稱代表它們：一種被稱為是 ars combinandi，它是對科學的進展的衡量……。另一種則處理更高的事物的力量，它們超越月亮，是 magia naturalis 大自然的最高部分。希伯來語把它們兩者都稱做卡巴拉 Cabala……

——皮科·德拉·米蘭朵拉，Conclusions《結論》

·帕魯斯·瑞休斯（1470～1541）

瑞休斯，奧地利帕維亞大學的醫生和哲學教授，是包括奧地利大公馬克西米連一世、德國國王和神聖的羅馬皇帝，以及波希米亞和匈牙利國王——斐迪南一世的私人醫生和顧問。

那種能夠用寓言的方式解釋摩西的律法，從而破解神與人類的奧秘的能力被稱為卡巴拉 Kabbalah。

一部經文的字面意義受到時間和空間的條件限制。而這種寓言和卡巴拉式（Allegorical 和 kabbalistic）的解釋，它們已存在幾個世紀，

則可超越時間和空間,不受時空的限制。

——帕魯斯・瑞休斯,Introductoria Theoramata Cabalae《卡巴拉概念介紹》

・菲力浦斯・奧里歐勒斯・帕拉切爾蘇斯(1493～1541)

德國和瑞士的醫生和煉金術士,帕拉切爾蘇斯建立了化學在醫學中的作用。他被認為是現代科學的創始人之一。

學習卡巴拉吧,它解釋了一切!

——帕拉切爾蘇斯,Das Buch Paragranum《評論書》

・克里斯汀・康拉德・斯普林格爾(1750～1816)

德國植物學家和老師,他在植物的再生產方面的研究使得他創立了一套至今還在廣泛採用的肥料的總體理論。

亞當,第一人,就非常熟悉卡巴拉。他知道所有事物表徵的意義,因此給所有的動物取了最合適的名字。因此希伯來語也包含所有動物的最佳名稱,這些名稱自己就代表了那些動物的本性。

——庫爾特・斯普林格爾,Versuch einer Pragmatischen

 附錄

Geschichte der Arzeikunde《Arzeikunde 的務實歷史之遊》

- 雷蒙杜斯・拉里斯（1235～1315）

拉里斯是一名西班牙作家和哲學家，出生於西班牙馬婁卡的帕爾馬一個富裕的家庭，接受過良好的教育，並成為阿拉貢國王詹姆斯二世的導師。他以阿拉伯文、拉丁語和加泰羅尼亞語寫作。他寫了有關煉金術和植物學的著作，Ars Magna《偉大之術》和 Llibre demeravelles《奇蹟之書》。

創造或語言，是卡巴拉科學的一個適合的研究物件⋯這就是為什麼卡巴拉智慧控制著其他科學的原因正在變得越來越清楚的原因。

像神學、哲學和數學等科學都從它那接收到了它們的原則和它們的根源。因此這些科學（scientiae）都屬於這個智慧（sapientia）的分支；它們的「科學的」原則和規則也從屬於卡巴拉的原則和規則，因此，它們「科學」的論證模式沒有卡巴拉的話將是不充分的。

——雷蒙杜斯・拉里斯，Raymundi Lulli Opera

- 佐丹奴・布魯諾（1548～1600）

布魯諾，義大利著名的哲學家、天文學家、數學家和神秘主義學

者，他超前於他的時代。他的理論為現代科學做好了準備。其中最著名的是他的無限宇宙的理論和世界多重性的理論，這裡他拒絕傳統的地心說（地球為中心）的天文學觀點，並且直觀地超越了哥白尼的日心說（太陽為中心）理論，他認為那個理論仍侷限在一個有固定的恆星組成的有限的宇宙中。布魯諾，或許主要被紀念的是他在火刑柱上遭受的不幸逝世。做為一個自己的信仰的受害者，當羅馬天主教和改革派的教會都重申僵硬的亞里斯多德和學院派的原則為正確的時候，他堅持認為他的非正統的觀點是正確的。

　　這個卡巴拉首先給予了最高原則一個難以表達的名稱，從這個原則它又演繹出處於第 2 個層面的 4 項原則，從這 4 個原則的每一個分支又產生 12 個……這樣就有了無數的種類和亞種類。在這種方式下，它們都被指定了一個專門的名稱，這些名稱取決於他們的語言，比如上帝、天使、原因、力量，它們都各自控制每個單獨的類型。以這種方式最後會揭示出整個神聖都可以連接到同一個最初的源頭，同樣整個的「光」也是處於同一個根源，這個「光」原本就照耀著並且是獨立存在的，而那些在無數不同鏡面中破碎的鏡像，正如同樣多的單獨的物件可以回溯到一個正式的和理想的原則中那樣，它們也將回到那個產生這些形象的源頭。

——佐丹奴・布魯諾，Le Opere Italiane

附錄

- 戈特弗里德・威廉・萊布尼茨（1646～1716）

　　萊布尼茲是德國著名的哲學家、數學家和政治顧問，做為一個形而上學的玄學家和一個邏輯學家他都舉足輕重，他也以他的獨立發明的微積分而聞名於世。在 1661 年，他做為一個法律系學生進入萊比錫大學；在那裡他遇到了一些在科學與哲學界帶來革命的科學家和思想家，如伽利略、培根、湯瑪斯・霍布斯和勒內・笛卡兒等等。在 1666 年，他寫下了 De Arte Combinatoria《組合的藝術》，在其中他奠定了現代電腦理論最初的模型。

　　因為人們還不具備開啟那個秘密的正確的鑰匙，想要瞭解它的那種渴望最終導致了各種虛榮和五花八門的迷信的產生，這最終發展出了各種庸俗的卡巴拉，它們與那個真正的卡巴拉相去甚遠，而且它在魔法的虛假名義下演變出各種荒誕的理論，有關卡巴拉的一些著作中充斥著這些內容。

　　——萊布尼茨 Hauptschriften zur Grundlegung der Philosophie

- 弗里德里希・施萊格爾（1772～1829）

　　與歌德、席勒和諾瓦利斯同一時代的德國作家、評論家和哲學家。是印歐比較語言學和比較語文學的先驅，施萊格爾深深影響了早期的德國浪漫主義運動。他被普遍地認為是第一個在文學方面使用浪漫主義（romantisch）這一術語的人。

　　真正的美學是卡巴拉（引自 1802 年 12 月）

——施萊格爾，Kritische F. Schlegel-Ausgabe，出版商：Ernst Behler 35 Bde.，帕德博恩

・約翰・沃爾夫岡・歌德（1749～1832）

約翰・沃爾夫岡・歌德被公認為德國歷史上最偉大的作家。

德國（第 18 世紀末、第 19 世紀初）的浪漫主義時期被稱為是歌德的時代，並且歌德表現了對讓・雅克・盧梭、伊馬內爾・康得及法國大革命那一代的歷史遺產的關注。他的地位不僅是來源於他做為抒情詩人、小說家和劇作家所取得的文學成就，也來源於他做為一個科學家（地質學家、植物學家、解剖學家、物理學家、科學歷史學家）和做為一個評論家、文學藝術理論家市場做出的重大貢獻。在他生命的最後 30 年，他是德國最大的文化象徵，成為整個歐洲和美國崇拜的物件。

對《聖經》的卡巴拉式的處理方式是一種《聖經》解釋學，這種方式，在其獨立性，奇妙的原創性，全面性以及完整性方面對《聖經》的解釋方式都是令人信服的，我甚至可以用無與倫比來形容它的內容的博大精深。

——歌德，Materialien zur Geschichte der Farbenlehre

附錄

附錄 4　Bnei Baruch 國際卡巴拉教育和研究中心

　　Bnei Baruch 是一支成立於以色列的卡巴拉學習團隊,它與整個世界共同分享卡巴拉智慧。超過 30 種語言的學習材料是基於數千年世代相傳的正宗的卡巴拉文獻著作。

・歷史和起源

　　麥可・萊特曼是本體論和知識理論的教授,擁有哲學和卡巴拉的博士學位以及醫學生物控制論的碩士學位,在 1991 年,當他的老師巴魯克・阿斯拉格(拉巴什)去世後,萊特曼博士創立了 Bnei Baruch 卡巴拉學習團隊。他將其命名為 Bnei Baruch(即「巴魯克之子」的意思)是為了紀念他的老師。萊特曼博士在他老師生命的最後十二年裡(即 1979 ~ 1991 年)從未離開過他的身邊。萊特曼博士是巴魯克・阿斯拉格的首席徒弟和個人助理,並被公認為真正卡巴拉智慧的教學方法的繼承人。

　　拉巴什是 20 世紀最偉大的卡巴拉學家—耶胡達・阿斯拉格的長子和繼承人。耶胡達・阿斯拉格是《光輝之書》最權威和全面的注釋——《蘇拉姆注釋》(即「階梯的注釋」的意思)的作者。他是第一位揭示完整的精神提升的方法的卡巴拉學家,並被稱為巴拉蘇拉姆(即「階梯的主人」的意思)。

　　現在,Bnei Baruch 國際卡巴拉教育和研究中心的所有學習方法都基於這兩位偉大的精神導師鋪設的道路之上。

· 學習方法

　　Bnei Baruch 每天傳授並應用巴拉蘇拉姆和他的兒子拉巴什發展出來的獨特的學習方法。這種方法依據正宗的卡巴拉資源，例如，西蒙·巴爾·約海所著的《光輝之書》、阿里所著的《生命之樹》以及巴拉蘇拉姆所著的《對 10 個 Sefirot 的研究》（The Study of the Ten Sefirot）。

　　學習卡巴拉不僅需要正宗的卡巴拉資源，而且還需要簡單易懂的語言和一種科學、現代的學習方法。這種學習方法得到了不斷的發展，並使 Bnei Baruch 成為以色列和整個世界的國際公認的教育機構。

　　這種學習方法獨特地將學術研究方法和個人經歷結合在了一起，拓展了學生們的視野，並使他們獲得了對他們生活著的現實的一種全新的感知。這樣，那些走在精神之路上的學生便獲得了研究他們自身和他們周圍的現實的必備工具。

· 資訊

　　Bnei Baruch 是由全球成千上萬學員組成的進行多種傳播活動的一個機構。每個學員根據自己的個人條件和能力選擇自己的學習途徑和強度。Bnei Baruch 傳播的資訊的本質很廣泛，即團結人民、團結各民族和愛每一個人。

　　幾千年來，卡巴拉學家們一直都在教授人們之間的愛是所有人類

附錄

關係的基礎。這種愛在亞伯拉罕、摩西和他們成立卡巴拉學習團隊的那個時代得到了廣泛的傳播。如果我們吸收了這些古老但又現代的價值觀的話，那麼，我們將會發現我們擁有了能忽略我們之間的不同而團結在一起的力量。

隱藏了數千年的卡巴拉智慧如今已浮現出來，它一直在等待一個我們人類已經充分發展並準備好執行它的資訊的時機。現在，它成為了一種可以團結世界各民族的方法，並使我們所有人能夠迎接目前的挑戰，無論是個人還是社會。

・活動

創立 Bnei Baruch 的前提是「只有透過廣泛地向公眾傳播卡巴拉智慧，我們才能夠得到完全的救贖」（出自巴拉蘇哈姆）。

因此，Bnei Baruch 向人們提供了各種各樣的方法，以使他們探索和發現他們生命的意義，並為初學者和高級學員提供精心的指導。

・卡巴拉電視

Bnei Baruch 成立了一家阿斯拉個研究中心電影製作公司（ARI Films）（www.arifilms.tv），這家電影公司主要致力於製作多種語言的和全世界範圍內的卡巴拉教育電視節目。

Bnei Baruch 在以色列擁有自己的電視臺，透過有線電視和衛星 24/7 播出。這些電視節目也在 www.kab.tv 上播出。而且，這個電視頻道上的所有電視節目都是免費的。這些電視節目適合所有學員，包括初學者和最高級學員。

此外，阿里電影製作公司也製作卡巴拉教育故事片和紀錄片。

・網路網站

Bnei Baruch 的國際網站（www.kab.info）上有正宗的卡巴拉智慧的一些資源，包括文章、書籍和原始文獻。它是網路上至今為止最大的一個正宗卡巴拉資源庫，並向讀者提供了一個獨一無二的、涵蓋面極廣的圖書館，以便讀者們充分地探索卡巴拉智慧。此外，卡巴拉媒體文檔（www.kabbalahmedia.info）上包含有五千多個媒體資料、可下載書籍和大量的多語種文獻、視頻和音頻檔。

Bnei Baruch 線上學習中心為初學者提供了獨特、免費的卡巴拉課程，引導學生在他們舒適的家中學習深奧的卡巴拉智慧。

萊特曼博士的每日課程也在 www.kab.tv 上直播，並附有補充性的文本和圖表。

以上所有資源都是免費提供的。

附錄

・報紙

《今日卡巴拉》是由 Bnei Baruch 每月免費發行的一種報紙,它有 4 種語言版本,包括英語、希伯來語、西班牙語和俄語。其風格簡單易懂、富有現代感,內容與政治、商業無關。《今日卡巴拉》的目的是為了以一種簡單易懂、生動的樣式和風格向世界各地的讀者們免費揭示卡巴拉智慧中隱藏著的大量知識。

《今日卡巴拉》目前在美國的每一個主要城市、加拿大的多倫多、英國的倫敦和澳大利亞的悉尼免費發行。它以英語、希伯來語和俄語印刷,並且在 www.kabtoday.com 上也可閱讀。

此外,訂閱者只需支付郵費便可閱讀到該報紙的紙張版。

・卡巴拉書籍

Bnei Baruch 出版正宗的由耶胡達・阿斯拉格(巴拉蘇拉姆)、他的兒子巴魯克・阿斯拉格(拉巴什)和麥可・萊特曼撰寫的書籍。耶胡達・阿斯拉格和拉巴什的著作對充分理解正宗的卡巴拉教義至關重要,萊特曼博士在他的每日課程中解釋這些正宗的卡巴拉教義。

萊特曼博士基於巴拉蘇拉姆提出的一些核心概念,以一種簡單易懂、現代的風格來撰寫他的著作。這些著作是現在的讀者和原始文本之間的一條重要的紐帶。所有這些書籍都有銷售,也可以在網上免費下載。

・卡巴拉課程

正如卡巴拉學家們多少世紀以來一直所做的那樣，麥可・萊特曼博士每天凌晨三點至六點（台北時間是上午 9 點至 12 點）在以色列的 Bnei Baruch 國際卡巴拉教育和研究中心講課。萊特曼博士用希伯來語講課，現在這些課程被每天同步翻譯為七種語言：英語、俄語、西班牙語、法語、德語、義大利語和土耳其語。正如其他所有活動一樣，這些直播節目也是免費提供給全球數百萬學生的。

・經費

Bnei Baruch 國際卡巴拉教育和研究中心是一個教授和分享卡巴拉智慧的非營利性機構。為了保持其獨立性和意圖的純潔性，Bnei Baruch 不接受任何政府或政治組織的支援和資助，也同它們沒有任何聯繫。

由於其大部分活動都是免費提供的，團隊活動經費的主要來源是捐款和什一稅——學生在其自願的基礎上的奉獻和以成本價出售的麥可・萊特曼博士的書籍的所得。

附錄

附錄 5　如何聯繫我們

網站 Internet：www.kabbalah.info/cn

卡巴拉電視 Kabbalah TV：www.kab.tv

網上書店 Bookstore：www.kabbalahbooks.info

學習中心 Learning Center：edu.kabbalah.info

電郵 E-mail：chinese@kabbalah.info

　　　　　　　info@kabbalah.info

Bnei Baruch Association

PO BOX 3228

Petach Tikva 49513

Israel

Kabbalah Books

1057 Steeles Avenue West, Suite 532

Toronto, ON, M2R 3X1

Canada

E-mail：info@kabbalahbooks.info

Web site：www.kabbalahbooks.info

USA and Canada：

Tel：1 416 274 7287

Fax：1 905 886 9697

www.ingramcontent.com/pod-product-compliance
Lightning Source LLC
Chambersburg PA
CBHW071227080526
44587CB00013BA/1521